Jens Dreisbach

BUNDES LIGA REKORDE

TEAMS • TRIUMPHE • TORE

arsEdition

Inhalt

29. August 1964: Erich Leist und Achim Melcher von Aufsteiger Borussia Neunkirchen sowie Timo Konietzka von Borussia Dortmund (v. l.) mit einer eindrucksvollen Akrobatikeinlage, die beweist, dass das Fußballspiel in direkter Linie vom Synchronschwimmen abstammt. Aber wo ist nur der Ball?

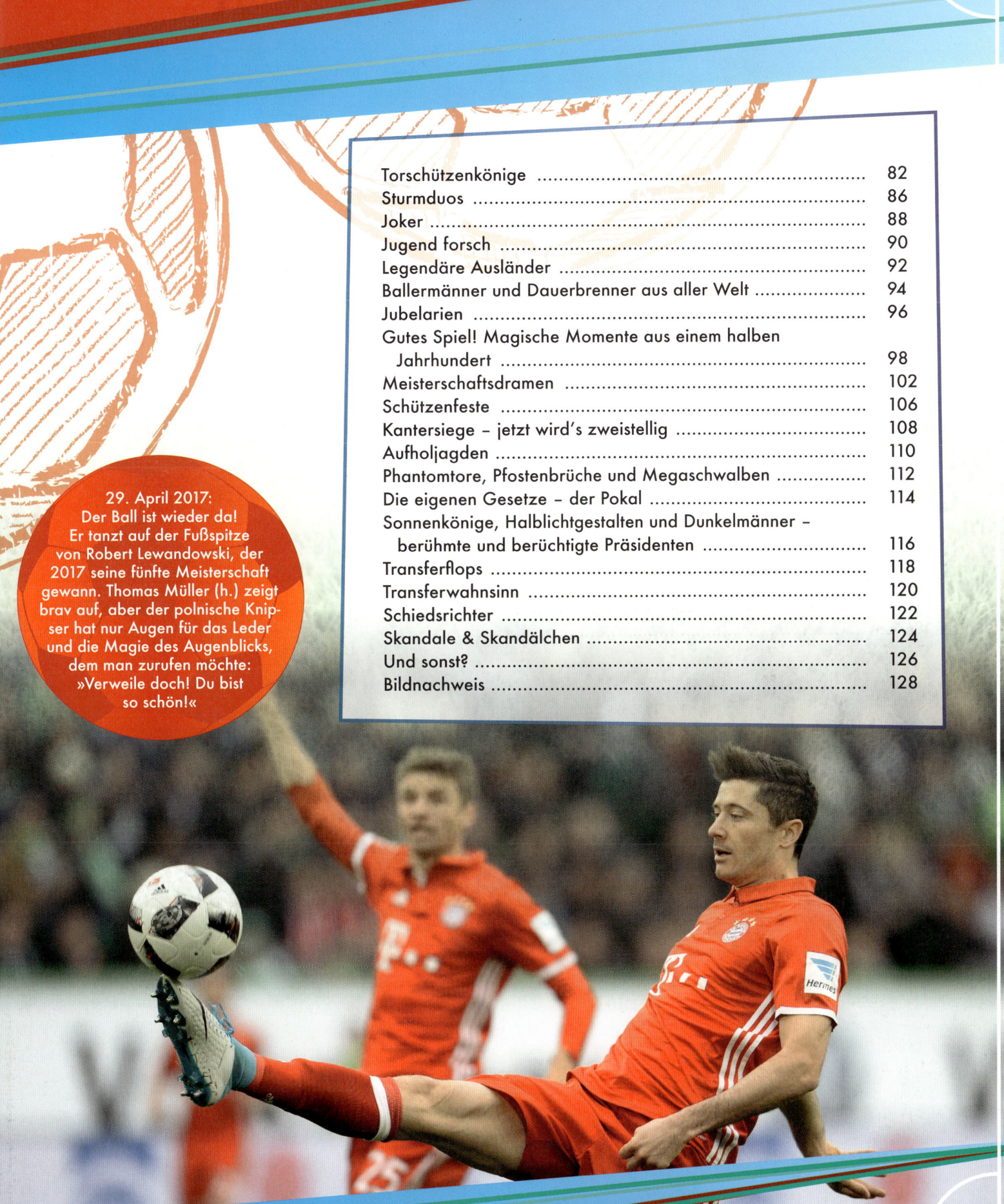

29. April 2017:
Der Ball ist wieder da!
Er tanzt auf der Fußspitze
von Robert Lewandowski, der
2017 seine fünfte Meisterschaft
gewann. Thomas Müller (h.) zeigt
brav auf, aber der polnische Knip-
ser hat nur Augen für das Leder
und die Magie des Augenblicks,
dem man zurufen möchte:
»Verweile doch! Du bist
so schön!«

Vorwort

Leuchtende Augen, pochende Herzen, flinke Füße – der eine oder andere Profi betrat als Einlaufkind erstmals den Rasen, der die Welt bedeutet. In der Saison 1995/96, der 33. Spielzeit, hielt der Brauch in der Bundesliga Einzug, nachdem Werder-Manager Willi Lemke die Idee von einer Brasilien-Reise mit zurück an die Weser gebracht hatte. Seit über 20 Jahren laufen die Stars von heute Hand in Hand mit Jungs, aber auch Mädchen auf, die davon träumen, später selbst einmal ein Einlaufkind auf den Platz zu führen.

Mehr als ein halbes Jahrhundert alt ist die ewig junge Bundesliga und hat sich seit ihren Anfängen in Schwarz und Weiß zum größten deutschen Sportspektakel entwickelt. Unzählige Geschichten hat die Liga seit 1963 hervorgebracht – einige der schönsten und spannendsten, lustigsten und traurigsten, ruhmreichsten und rekordverdächtigsten erzählen die folgenden Seiten in Wort und Bild ...

Alte Meister

1903 wurde mit dem VfB Leipzig der erste deutsche Fußballmeister gekrönt. Der 1. FC Nürnberg war in der Weimarer Republik der erste Seriensieger – und blieb gut sechs Jahrzehnte Rekordmeister. In den zwölf Jahren des Tausendjährigen Reichs dominierte Schalke 04 den großdeutschen Fußball. Nach dem Krieg wurden vier Oberligen (Nord, West, Südwest und Süd) sowie die Stadtliga Berlin eingerichtet, die Meister, teilweise auch die Vizemeister, spielten den deutschen Meister aus. Mit dem Sieg im letzten Endspiel von 1963 wurde Borussia Dortmund mit drei Titeln die erfolgreichste Mannschaft der Oberligazeit.

Nach dem Anschluss Österreichs im März 1938 kam mit SK Admira Wien auf Anhieb eine Mannschaft aus der »Ostmark« ins Finale um die Meisterschaft – erlebte in Berlin vor 100 000 Zuschauern allerdings ihr »königsblaues« Wunder. Der Schalker Kreisel lief wie der geölte Blitz, Ernst Kalwitzki traf fünfmal, Adolf Urban, Otto Tibulski, Ernst Kuzorra und Fritz Szepan trafen je einmal. 9:0 – der höchste Endspielsieg um die deutsche Meisterschaft.

Die Helden nicht nur von Bern, sondern auch von Berlin: Fünfmal stand der 1. FC Kaiserslautern zwischen 1948 und 1955 im Endspiel um die deutsche Meisterschaft. Stets dabei: die Gebrüder Walter. Ottmar (l.) drehte mit zwei Toren das Finale von 1951 gegen Preußen Münster (2:1), Fritz (r.) eröffnete 1953 den Torreigen gegen den VfB Stuttgart (4:1).

Meisterrangliste bis 1963

1.	1. FC Nürnberg	8
2.	FC Schalke 04	7
3.	Borussia Dortmund	3
	Hamburger SV	3
	SpVgg Fürth	3
	VfB Leipzig	3
7.	1. FC Kaiserslautern	2
	Berliner TuFC Viktoria 1889	2
	Dresdner SC	2
	Hannover 96	2
	Hertha BSC	2
	VfB Stuttgart	2

25. Juni 1960: Nachdem Christian Müller im Endspiel um die Meisterschaft gut fünf Minuten vor dem Ende den Ausgleich für den 1. FC Köln gemacht hatte, hatte Uwe Seeler (l.) im Frankfurter Waldstadion das letzte Wort. Auf den allerletzten Drücker erzwang der Jahrhundertstürmer des HSV, siebenfache Torschützenkönig der Oberliga Nord und dreifache Fußballer des Jahres in seinem dritten Endspiel mit einem kunstvollen Heber den Titel.

1903	VfB Leipzig	Deutscher FC Prag	7:2		1936	1. FC Nürnberg	Fortuna Düsseldorf	2:1 n. V.
1905	Berliner TuFC Union 1892	Karlsruher FV	2:0		1937	FC Schalke 04	1. FC Nürnberg	2:0
1906	VfB Leipzig	1. FC Pforzheim	2:1		1938	Hannover 96	FC Schalke 04	3:3 n. V.; 4:3 n. V.
1907	Freiburger FC	Berliner TuFC Viktoria 1889	3:1		1939	FC Schalke 04	SK Admira Wien	9:0
1908	Berliner TuFC Viktoria 1889	FC Stuttgarter Cickers	3:0		1940	FC Schalke 04	Dresdner SC	1:0
1909	FC Phönix Karlsruhe	Berliner TuFC Viktoria 1889	4:2		1941	SK Rapid Wien	FC Schalke 04	4:3
1910	Karlsruher FV	Holstein Kiel	1:0 n. V.		1942	FC Schalke 04	First Vienna FC	2:0
1911	Berliner TuFC Viktoria 1889	VfB Leipzig	3:1		1943	Dresdner SC	FV Saarbrücken	3:0
1912	Holstein Kiel	Karlsruher FV	1:0		1944	Dresdner SC	LSV Hamburg	4:0
1913	VfB Leipzig	Duisburger SpV	3:1		1948	1. FC Nürnberg	1. FC Kaiserslautern	2:1
1914	SpVgg Fürth	VfB Leipzig	3:2 n. V.		1949	VfR Mannheim	Borussia Dortmund	3:2 n. V.
1920	1. FC Nürnberg	SpVgg Fürth	2:0		1950	VfB Stuttgart	Kickers Offenbach	2:1
1921	1. FC Nürnberg	Berliner FC Vorwärts 1890	5:0		1951	1. FC Kaiserslautern	Preußen Münster	2:1
1923	Hamburger SV	SC Union Oberschöneweide	3:0		1952	VfB Stuttgart	1. FC Saarbrücken	3:2
1924	1. FC Nürnberg	Hamburger SV	2:0		1953	1. FC Kaiserslautern	VfB Stuttgart	4:1
1925	1. FC Nürnberg	FSV Frankfurt	1:0 n. V.		1954	Hannover 96	1. FC Kaiserslautern	5:1
1926	SpVgg Fürth	Hertha BSC	4:1		1955	Rot-Weiss Essen	1. FC Kaiserslautern	4:3
1927	1. FC Nürnberg	Hertha BSC	2:0		1956	Borussia Dortmund	Karlsruher SC	4:2
1928	Hamburger SV	Hertha BSC	5:2		1957	Borussia Dortmund	Hamburger SV	4:1
1929	SpVgg Fürth	Hertha BSC	3:2		1958	FC Schalke 04	Hamburger SV	3:0
1930	Hertha BSC	Holstein Kiel	5:4		1959	Eintracht Frankfurt	Kickers Offenbach	5:3 n. V.
1931	Hertha BSC	TSV 1860 München	3:2		1960	Hamburger SV	1. FC Köln	3:2
1932	FC Bayern München	Eintracht Frankfurt	2:0		1961	1. FC Nürnberg	Borussia Dortmund	3:0
1933	Fortuna Düsseldorf	FC Schalke 04	3:0		1962	1. FC Köln	1. FC Nürnberg	4:0
1934	FC Schalke 04	1. FC Nürnberg	2:1		1963	Borussia Dortmund	1. FC Köln	3:1
1935	FC Schalke 04	VfB Stuttgart	6:4					

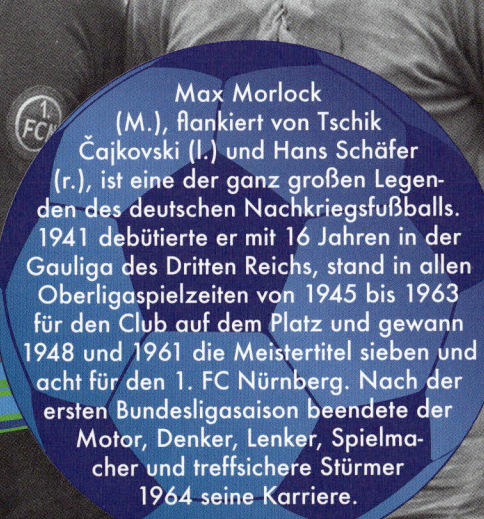

Max Morlock (M.), flankiert von Tschik Čajkovski (l.) und Hans Schäfer (r.), ist eine der ganz großen Legenden des deutschen Nachkriegsfußballs. 1941 debütierte er mit 16 Jahren in der Gauliga des Dritten Reichs, stand in allen Oberligaspielzeiten von 1945 bis 1963 für den Club auf dem Platz und gewann 1948 und 1961 die Meistertitel sieben und acht für den 1. FC Nürnberg. Nach der ersten Bundesligasaison beendete der Motor, Denker, Lenker, Spielmacher und treffsichere Stürmer 1964 seine Karriere.

Die 1960er-Jahre – Geburtswehen und Kindheitstage

Jedem Anfang wohnt ein Zauber inne: Sieben Meister in sieben Spielzeiten brachte die blutjunge Bundesliga bis 1970 hervor – nur ganz selten hatte am Ende ein Favorit die Nase vorn. Der 1. FC Köln, das »Real Madrid vom Rhein«, verpasste es, seine Vormachtstellung auszubauen und auf Dauer Klassenprimus zu werden. Am Ende der Dekade feierten Bayern München und Borussia Mönchengladbach ihre ersten Titel und dominierten in der Folge die Liga.

Pokalsieger

1964	TSV 1860 München
1965	Borussia Dortmund
1966	FC Bayern München
1967	FC Bayern München
1968	1. FC Köln
1969	FC Bayern München
1970	Kickers Offenbach

Hans Schäfer (r.), der Linksaußen der Weltmeisterelf von 1954, stand im Spätherbst seiner Karriere, als die Bundesliga ihre Tore öffnete. Nichtsdestotrotz spielte »de Knoll« 1963/64 eine großartige Runde und sorgte Seite an Seite mit dem blutjungen Wolfgang Overath für die spielerischen Momente, als der 1. FC Köln souverän erster Meister der Bundesliga wurde.

Samstag, 24. August 1963, 17 Uhr: Der Ball rollt. Keine Minute ist am ersten Spieltag der ersten Bundesligasaison vergangen, als Lothar Emmerich beim Gastspiel des BVB in Bremen in den Strafraum von Werder flankt und Timo Konietzka (Foto) abstaubt – das erste Bundesligator.

Kapitän in schwerem Fahrwasser: In den Kindheitstagen der Bundesliga waren Handgelder, Grundgehälter und Erfolgsprämien durch den DFB gedeckelt. Um Spieler wie Torhüter Wolfgang Fahrian (Foto), Uwe Klimaschefski oder Jürgen Sundermann aus dem Westen der Republik in die geteilte Stadt zu locken, umging Hertha BSC die Regeln. Eine gängige Praxis, doch bei den Berlinern flog sie auf. Die Liga hatte ihren ersten Skandal, Hertha wurde in die Regionalliga zwangsversetzt und stieg erst 1968 wieder ins Oberhaus auf.

Meister

1964	1. FC Köln
1965	SV Werder Bremen
1966	TSV 1860 München
1967	Eintracht Braunschweig
1968	1. FC Nürnberg
1969	FC Bayern München
1970	Borussia Mönchengladbach

Fußballer des Jahres

1960	Uwe Seeler	Hamburger SV
1961	Max Morlock	1. FC Nürnberg
1962	Karl-Heinz Schnellinger	1. FC Köln
1963	Hans Schäfer	1. FC Köln
1964	Uwe Seeler	Hamburger SV
1965	Hans Tilkowski	Borussia Dortmund
1966	Franz Beckenbauer	FC Bayern München
1967	Gerd Müller	FC Bayern München
1968	Franz Beckenbauer	FC Bayern München
1969	Gerd Müller	FC Bayern München
1970	Uwe Seeler	Hamburger SV

Ja, wo ist sie denn? Fohlen-Kapitän Heinz Lowin (l.), Bayern-Spielführer Werner Olk (r.) und Schiedsrichter Ewald Regely haben die Münze, die über Seitenwahl und Anstoßrecht entscheidet, aus den Augen verloren. Die Partie fand trotzdem statt. Nicht irgendeine Partie, sondern die erste in der Bundesliga zwischen Borussia Mönchengladbach und Bayern München, nachdem die Platzhirsche der 1970er-Jahre 1965 gemeinsam in die oberste Spielklasse aufgestiegen waren.

Des Dramas letzter Akt: 1968 war der 1. FC Nürnberg sensationell Meister geworden, woraufhin Meistermacher Max Merkel die halbe Mannschaft austauschte, um den Club fit für den Europapokal zu machen. Ein Schuss, der voll nach hinten losging: Am letzten Spieltag fuhren die Franken als Tabellensechzehnter zum 1. FC Köln, der ebenfalls akut abstiegsbedroht war. Wolfgang Overath (r.) schoss das 1:0, dann ging es dahin, der Meister verlor 0:3 und stieg ab – mit nur neun Punkten weniger als Vizemeister Alemannia Aachen.

Die 1970er-Jahre –
Langhaarfrisuren, Sportwagen und Serienmeister

Als die Haare im Geiste der Zeit länger und die Sportwagen durch lukrative Werbeverträge schneller wurden, lieferten sich zwei Mannschaften ein Kopf-an-Kopf-Rennen um die Vorherrschaft in der Liga. Zwar verteidigten die Gladbacher Fohlen 1971 erstmals den Titel und feierten zwischen 1975 und 1977 einen Dreifachtriumph. Die Nase vorn hatte jedoch der FC Bayern, der durch Titel-Hattricks in der Bundesliga (1972–1974) und im Europapokal der Landesmeister (1974–1976) dauerhaft zum Branchenführer wurde.

Meister

1971	Borussia Mönchengladbach
1972	FC Bayern München
1973	FC Bayern München
1974	FC Bayern München
1975	Borussia Mönchengladbach
1976	Borussia Mönchengladbach
1977	Borussia Mönchengladbach
1978	1. FC Köln
1979	Hamburger SV
1980	FC Bayern München

Helden: Klaus Fischer, Rüdiger Abramczik und Bernd Thiele (v. l.) schwimmen auf Wellen von Glückshormonen. Am 9. Oktober 1976 zerlegt Schalke 04 den erfolgsmüden FC Bayern in München mit 7:0 – die derbste Klatsche für den Rekordmeister in der Geschichte der Bundesliga. Allein Fischer traf viermal, während Beckenbauer, Rummenigge, Hoeneß und Müller über die eigenen Füße stolperten.

Der berühmteste Luftsprung der deutschen Fußballgeschichte: Günter Netzer hebt ab, Jupp Heynckes breitet die Arme aus, um ihn notfalls aufzufangen. 90 Minuten des Pokalendspiels 1973 gegen den 1. FC Köln hatte der Fohlen-Regisseur auf der Bank geschmort, dann teilte er Hennes Weisweiler mit: »Trainer, ich spiele jetzt!« – und wechselte sich selbst ein. Kaum auf dem Rasen, hämmerte er das Leder in den Winkel, trotzte der Erdanziehungskraft und ließ sich den Pokal nicht mehr nehmen.

Pokalsieger

1971	FC Bayern München
1972	FC Schalke 04
1973	Bor. Mönchengladbach
1974	Eintracht Frankfurt
1975	Eintracht Frankfurt
1976	Hamburger SV
1977	1. FC Köln
1978	1. FC Köln
1979	Fortuna Düsseldorf
1980	Fortuna Düsseldorf

Fußballer des Jahres

1971	Berti Vogts	Borussia Mönchengladbach
1972	Günter Netzer	Borussia Mönchengladbach
1973	Günter Netzer	Borussia Mönchengladbach
1974	Franz Beckenbauer	FC Bayern München
1975	Sepp Maier	FC Bayern München
1976	Franz Beckenbauer	FC Bayern München
1977	Sepp Maier	FC Bayern München
1978	Sepp Maier	FC Bayern München
1979	Berti Vogts	Borussia Mönchengladbach
1980	Karl-Heinz Rummenigge	FC Bayern München

Salon-Revoluzzer: Paul Breitner vor Mao-Poster und mit Peking Rundschau. Alles nur Pose im Geiste der Zeit, im christlich-konservativsten aller Bundesländer trotzdem ein Skandälchen. Fast hätte der FC Bayern den Möchtegern-Linken geschasst, doch die Mannschaft stellte sich vor ihn – und die Weltrevolution blieb sowieso aus.

Bernd Hölzenbein präsentiert am 21. Mai 1980 die Siegestrophäe des UEFA-Cups. Die 1970er-Jahre waren das erfolgreichste Jahrzehnt für deutsche Vereine auf europäischer Ebene. Die Saison 1979/80 ging als das »deutsche Jahr« in die Geschichte ein: Im Halbfinale des UEFA-Pokals standen mit Bayern München, Eintracht Frankfurt, Borussia Mönchengladbach und dem VfB Stuttgart vier Mannschaften aus der Bundesliga, und am Ende jubelte die launische Diva vom Main.

Stell dir vor, es ist Fußball und keiner geht hin: Rund 9000 Zuschauer verirrten sich am 22. April 1972 ins Berliner Olympiastadion, als 90 Minuten lang nichts passierte, bevor Hans Zengerle mit dem Schlusspfiff das 1:0 für Hertha BSC gegen Eintracht Braunschweig gelang. Nach dem Bundesligaskandal 1971 (s. S. 124) straften die Fans die Bundesliga mit Missachtung: 1972/73 strömten mit durchschnittlich gut 16 000 Zuschauern so wenig wie sonst nie in die Stadien. Mit der WM 1974 war jedoch alles vergessen und vergeben und die Zuschauer kamen zurück.

Die 1980er-Jahre –
Anpfiff, Abpfiff und ein neuer Rekordmeister

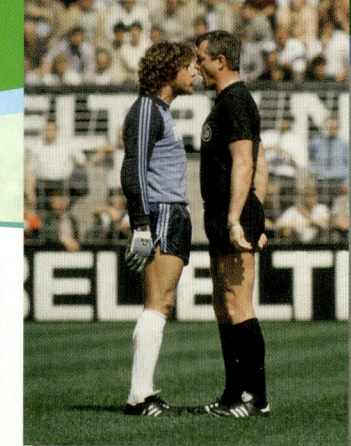

Das Jahrzehnt, als die Oberlippenbärte und Oberschenkelmuskeln ins Unermessliche wuchsen, begann verheißungsvoll. Mit dem Hamburger SV schien ein Traditionsklub den FC Bayern ernsthaft herausfordern zu können und Tore hatten Konjunktur: 1097 fielen 1983/84, so viele wie nie. Nur wenige Jahre später war das hanseatische Zwischenhoch längst Geschichte und auch die Torflut ebbte rasant ab: 790 fielen 1989/90, so wenige wie nie.

Erst Anpfiff, dann Abpfiff: 1987 veröffentlichte Toni Schumacher (l.) sein literarisches Meisterwerk *Anpfiff – Enthüllungen über den deutschen Fußball*, in dem der »Tünn« freimütig aus dem Nähkästchen plauderte, insbesondere über das ansonsten sorgfältig totgeschwiegene Thema Doping. Postwendend wurde der Keeper aus der Nationalmannschaft ausgeschlossen und erhielt auch vom 1. FC Köln die fristlose Kündigung. Sein Resümee: »Lieber ein Knick in der Laufbahn als im Rückgrat.«

Beeindruckende Muskelmasse, auf einem glitschigen Rübenacker ein echtes Handicap: Der Fußball wurde in den 1980er-Jahren deutlich athletischer. Der Prototyp der neuen Muskelprotze war Hans-Peter Briegel, Deutschlands Fußballer des Jahres 1985, auch bekannt als die »Walz aus der Pfalz«, der in seiner Jugend Weit- und Dreisprung sowie Zehnkampf betrieben hatte.

1989 landete Klaus Augenthaler bei der Wahl des Fußballers des Jahres auf Platz zwei hinter Thomas Häßler – ganz nach oben schaffte er es nie. Allerdings kann der langjährige Libero des FC Bayern für sich beanspruchen, der Spieler des Jahrzehnts zu sein, denn schließlich gewann »Auge« von 1980 bis 1990 sage und schreibe sieben Meisterschaften – ein Rekord, den erst Oliver Kahn und Mehmet Scholl überflügelten.

Pokalsieger

1981	Eintracht Frankfurt
1982	FC Bayern München
1983	1. FC Köln
1984	FC Bayern München
1985	Bayer 05 Uerdingen
1986	FC Bayern München
1987	Hamburger SV
1988	Eintracht Frankfurt
1989	Borussia Dortmund
1990	1. FC Kaiserslautern

Meister

1981	FC Bayern München
1982	Hamburger SV
1983	Hamburger SV
1984	VfB Stuttgart
1985	FC Bayern München
1986	FC Bayern München
1987	FC Bayern München
1988	SV Werder Bremen
1989	FC Bayern München
1990	FC Bayern München

Lothar Matthäus reckt 1987 die Meisterschale in die Höhe – der neunte Titel für die Bayern in der Bundesliga, der zehnte insgesamt. Von nun an dürfen sich die Münchner ohne Einschränkung »Rekordmeister« nennen. Die meisten Titel in der Bundesliga hatten sie längst, jetzt aber auch den 1. FC Nürnberg überflügelt, der zwischen 1920 und 1968 neun Titel gewonnen hatte.

In den 1970er-Jahren zeigte er sich in beängstigender Frühform, in den 1990er-Jahren ließ er seine Karriere langsam, aber sicher ausklingen, seine große Zeit waren aber eindeutig die 1980er-Jahre: der Schnurrbart. Werner Habiger (l.) zeigt das 08/15-Modell von der Stange, Herbert Heidenreich (r.) ließ sich seinen maßschneidern. Die seinerzeit ebenfalls äußerst beliebte »Vokuhila«-Frisur wird im Dänischen übrigens »Bundesliga-hår« (Bundesligafrisur) genannt.

Fußballer des Jahres

1981	Paul Breitner	FC Bayern München
1982	Karlheinz Förster	VfB Stuttgart
1983	Rudi Völler	Werder Bremen
1984	Harald Schumacher	1. FC Köln
1985	Hans-Peter Briegel	Hellas Verona
1986	Harald Schumacher	1. FC Köln
1987	Uwe Rahn	Borussia Mönchengladbach
1988	Jürgen Klinsmann	VfB Stuttgart
1989	Thomas Häßler	1. FC Köln
1990	Lothar Matthäus	Inter Mailand

Die 1990er-Jahre –
Mauerfall, Autoklau und Torarmut

Nach der Weltmeisterschaft 1990 prophezeite Teamchef Franz Beckenbauer, die Nationalelf werde »auf Jahre hinaus unschlagbar« sein. Er tat damit nicht nur seinem Nachfolger Berti Vogts einen Bärendienst, sondern auch der »wiedervereinigten« Bundesliga. Die Vereine schmorten richtungslos im eigenen Saft, verschliefen die taktischen Entwicklungen und gewannen international jahrelang kaum einen Blumentopf.

Ende der 1980er-, Anfang der 1990er-Jahre gehörte Maurizio Gaudino zu den großen Attraktionen der Liga. An guten Tagen zog er zauberhaft das Spiel auf, trug blitzschnell Konter vor, ließ Gegenspieler stehen wie Slalomstangen, legte herrlich vor und schloss eiskalt ab. Kein Kind von Traurigkeit, wurde er 1994 hinter den Kulissen einer TV-Talkshow festgenommen und spielte in der Folge wegen Beihilfe zum Versicherungsbetrug in Sachen Autoschieberei zwei Jahre und vier Monate auf Bewährung.

Wiedervereinigung à la Bundesliga: In der Saison 1991/92 wurden zwei Klubs der DDR-Oberliga dem westdeutschen Oberhaus angegliedert. Torsten Gütschow, der letzte Fußballer des Jahres und Torschützenkönig des Ostens, schoss zehn Tore für Dynamo Dresden, zwei davon beim Sieg gegen Titelkandidat Eintracht Frankfurt. Hansa Rostock, der andere Ostklub, machte am 34. Spieltag die hessischen Träume zunichte – und stieg selbst ab.

Schon in den 1980er-Jahren war die Ausbeute der Torschützenkönige drastisch zurückgegangen. 1988 schoss Jürgen Klinsmann als erster Spieler mit weniger als 20 Toren den Vogel ab. Fredi Bobic (r.) stellte 1996 den Allzeit-Minusrekord von 17 Toren ein, Michael Preetz (l.) war 1999 mit 23 Toren der Top-Torschützenkönig der 1990er-Jahre. Erst als die Fußballregeln in den folgenden Jahren »stürmerfreundlich« modifiziert wurden, ging die Flaute langsam, aber sicher zu Ende.

Meister

1991	1. FC Kaiserslautern
1992	VfB Stuttgart
1993	SV Werder Bremen
1994	FC Bayern München
1995	Borussia Dortmund
1996	Borussia Dortmund
1997	FC Bayern München
1998	1. FC Kaiserslautern
1999	FC Bayern München
2000	FC Bayern München

Pokalsieger

1991	Werder Bremen
1992	Hannover 96
1993	Bayer Leverkusen
1994	Werder Bremen
1995	Bor. Mönchengladbach
1996	1. FC Kaiserslautern
1997	VfB Stuttgart
1998	FC Bayern München
1999	Werder Bremen
2000	FC Bayern München

Jürgen Klinsmann (l.) und Giovanni Trapattoni im Klassiker *Szenen einer Ehe*. 80 Minuten eines torlosen Trauerspiels im Münchner Olympiastadion gegen den Tabellenletzten SC Freiburg sind vorbei, als Trap Klinsi aus- und einen gewissen Carsten Lakies einwechselt. Der Stürmer wünscht seinem Trainer alles Gute, der tut so, als hätte er nichts gehört, Klinsi dreht ab und tritt die blaue Werbetonne im Hintergrund kaputt. Die folgende Paartherapie war erfolglos, die baldige Trennung unumgänglich.

Oliver Kahn im Bruce-Lee-Blockbuster *Der Mann mit den Todesstollen*. Kung-Fu-Kahn ist dem Wahn verfallen: Seine Mannschaft liegt 0:2 beim BVB zurück, irgendetwas muss geschehen, ihm fällt nichts Vernünftiges ein, also tut er etwas Unvernünftiges, springt mit der offenen Sohle in Stéphane Chapuisat und verfehlt ihn gekonnt um Haaresbreite. Ein Weckruf mit Wirkung: Die Partie endet 2:2.

Fußballer des Jahres

1991	Stefan Kuntz	1. FC Kaiserslautern
1992	Thomas Häßler	AS Rom
1993	Andreas Köpke	1. FC Nürnberg
1994	Jürgen Klinsmann	AS Monaco
1995	Matthias Sammer	Borussia Dortmund
1996	Matthias Sammer	Borussia Dortmund
1997	Jürgen Kohler	Borussia Dortmund
1998	Oliver Bierhoff	Udinese Calcio
1999	Lothar Matthäus	FC Bayern München
2000	Oliver Kahn	FC Bayern München

Die 2000er-Jahre – Bosman, Strandkorb und Himmelreich

Neues Millennium, neues Glück – doch in der Bundesliga blieb alles beim Alten. Oder besser gesagt: Bayern München zog dem kompletten Feld noch weiter davon. Während die potenziellen Konkurrenten allerlei Schwächephasen, Finanzkatastrophen oder Totalabstürze erlitten, blieb allein der Rekordmeister mit unbeirrbarer Konstanz in und an der Spitze.

Meister

2001	FC Bayern München
2002	Borussia Dortmund
2003	FC Bayern München
2004	Werder Bremen
2005	FC Bayern München
2006	FC Bayern München
2007	VfB Stuttgart
2008	FC Bayern München
2009	VfL Wolfsburg
2010	FC Bayern München

Nach dem Bosman-Urteil von 1995 fielen auch in der Bundesliga die Ausländerbeschränkungen. Am 6. April 2001 war Energie Cottbus die erste Mannschaft, die ohne deutschen Spieler auflief (v. l.): János Mátyus (verdeckt, Ungarn), Franklin Bittencourt (Brasilien), Rudi Vata (Albanien), Antun Labak (Kroatien), Moussa Latoundji (Benin), Faruk Hujdurović (Bosnien), Laurențiu Reghecampf (Rumänien), Andrzej Kobylański (Polen), Bruno Akrapović (Bosnien), Tomislav Piplica (Bosnien), Vasile Miriuță (Rumänien/Ungarn).

Die Null muss stehen: Silvio Meißner beglückwünscht Matchwinner Timo Hildebrand, auch Stürmer Cacau eilt herbei. Der Keeper hatte in den Schlussminuten einen Elfmeter von Gladbachs Igor Demo und damit den Sieg auf dem Bökelberg festgehalten. Auch gegen Wolfsburg, Rostock, Hertha, Lautern, Schalke, Dortmund, 1860 und Köln hielt der Keeper seinen Kasten zwischen Mai und Oktober 2003 sauber – insgesamt 884 Minuten, 82 mehr als Oliver Kahn zwischen November 2002 und Februar 2003.

Am 19. Mai 2007 gab Klaus Augenthaler die wohl skurrilste Pressekonferenz der Bundesligageschichte. Der knorrige Bayer in Diensten des VfL Wolfsburg erschien auf dem Podium und sprach: »Guten Tag! Es gibt vier Fragen und vier Antworten. Die Fragen stelle ich, die Antworten gebe ich auch.« Tat's, stellte vier unerhebliche Fragen aus der Journalistengrundschule, drosch gelangweilt vier phrasenhafte Antworten und verschwand handgestoppte 42 Sekunden nach seinem Erscheinen wieder hinter den Kulissen.

Fußballer des Jahres

2001	Oliver Kahn	FC Bayern München
2002	Michael Ballack	Bayer 04 Leverkusen
2003	Michael Ballack	FC Bayern München
2004	Aílton	Werder Bremen
2005	Michael Ballack	FC Bayern München
2006	Miroslav Klose	Werder Bremen
2007	Mario Gómez	VfB Stuttgart
2008	Franck Ribéry	FC Bayern München
2009	Grafite	VfL Wolfsburg
2010	Arjen Robben	FC Bayern München

Heimat

1991 übernahm Volker Finke (l.), der kurz zuvor seinen Dienst als Gymnasiallehrer in den Fächern Sport, Gemeinschaftskunde und Geschichte in Nienburg an der Weser quittiert hatte, den Zweitligisten SC Freiburg. Er formte die »Breisgau-Brasilianer«, schaffte die Trainerbank ab und den Strandkorb an, stieg 1993, 1998 und 2003 in die Bundesliga auf und blieb bis 2007. 15 Jahre, elf Monate und 30 Tage war das Studentenparadies im Breisgau seine Heimat – die längste Amtszeit im deutschen Profifußball.

Seit 2003 war Robert Enke mehrfach wegen Depressionen in psychiatrischer Behandlung, 2006 starb seine zwei Jahre alte Tochter an einem Herzfehler, am 8. November 2009 machte der achtfache Nationaltorhüter sein 196. Bundesligaspiel, das 164. für Hannover 96. Zwei Tage später nahm er sich an einer Bahnstrecke nahe seines Wohnorts Himmelreich das Leben.

Pokalsieger

2001	FC Schalke 04
2002	FC Schalke 04
2003	FC Bayern München
2004	Werder Bremen
2005	FC Bayern München
2006	FC München
2007	1. FC Nürnberg
2008	FC Bayern München
2009	Werder Bremen
2010	FC Bayern München

Die 2010er-Jahre – in einer neuen Dimension des Fußballs

Noch nie steckte so viel Geld im Fußball, noch nie war das Spektakel so groß, noch nie der Fußball so atemberaubend schnell und aufsehenerregend gut. Von der Technik über die Taktik bis zur körperlichen Fitness – in quasi jedem Bereich hat der Fußball in den vergangenen Jahren Quantensprung um Quantensprung erlebt. Erstmals gewannen die Bayern fünf Meisterschaften in Folge und 2013 das erste deutsche Triple.

Ein Leben lang die gleiche Trikothose an: Seit frühester Kindheit wohnte Thomas Schaaf in Sichtweite des Weserstadions, durchlief ab 1972 die Jugendabteilungen, spielte von April 1979 bis Mai 1995 281 Bundesligapartien in Grün-Weiß, wurde anschließend Trainer der Amateure, 1999 Cheftrainer der ersten Mannschaft. 14 Jahre und fünf Tage später nahm er seinen Hut – länger hat in der Geschichte der Bundesliga nur Schaafs Trainer Otto Rehhagel ununterbrochen das Regiment geführt, nämlich 14 Jahre, zwei Monate und 29 Tage zwischen 1981 und 1995.

Unrühmlicher Auftritt: Nach dem Relegationsspiel zwischen Fortuna Düsseldorf und Hertha BSC am 15. Mai 2012, das wegen bengalischer Feuer und Platzstürmen im Chaos versank, zeigte sich Lewan Kobiaschwili (r.) als ganz schlechter Verlierer. Wegen einer Tätlichkeit in den Katakomben gegen Schiedsrichter Wolfgang Stark wurde der georgische Rekordinternationale für siebeneinhalb Monate gesperrt. Die bis dahin längste Sperre der Bundesligageschichte hatte sich Timo Konietzka im Herbst 1966 eingehandelt – sechs Monate für die Delikte »Stoß vor die Brust, Tritt gegen das Schienbein, Wegschlagen der Trillerpfeife« des Schiedsrichters.

Flucht wäre sinnlos: Jupp Heynckes ist umzingelt und sieht keinen Ausweg. Nach einem temporeichen Pokalfinale 2013, in dem die Bayern schon 3:0 geführt hatten und am Ende ein 3:2 über die Ziellinie retteten, standen sogar für den Rekordmeister und -pokalsieger außergewöhnliche Feierlichkeiten an. Nach der Meisterschaft – mit 25 Punkten Vorsprung – und dem Champions-League-Triumph – im Finale gegen den BVB – bedeutete der Pokalsieg das erste Triple für eine deutsche Mannschaft überhaupt.

Fußballer des Jahres

2011	Manuel Neuer	FC Schalke 04
2012	Marco Reus	Borussia Mönchengladbach
2013	Bastian Schweinsteiger	FC Bayern München
2014	Manuel Neuer	FC Bayern München
2015	Kevin De Bruyne	VfL Wolfsburg
2016	Jérôme Boateng	FC Bayern München

Erfolg verleiht Flügel: In der Saison 2016/17 wirbelten Stratege Naby Keïta, Stürmer Timo Werner und die beiden kreativen Flügelflitzer Emil Forsberg und Marcel Sabitzer (v.l.) von RB Leipzig die Bundesliga mächtig durcheinander. 45 Tore und 42 Vorlagen gingen auf das Konto des magischen Quartetts. Am 11. Spieltag übernahm der spielerisch beste Aufsteiger der Bundesligageschichte die Tabellenführung, war lange Zeit der einzig ernsthafte Verfolger der übermächtigen Bayern und startete vom Unterhaus direkt in die Königsklasse durch.

Zwei von der ganz schnellen Truppe: Anstoß, Tor – Karim Bellarabi (u.) brauchte beim Auftaktspiel der Saison 2014/15 am 23. August 2014 im Dortmunder Westfalenstadion nur neun Sekunden bis zum Torjubel. Der Flügelstürmer stach damit Giovane Élber und Ulf Kirsten aus, die 1998 bzw. 2002 nach elf Sekunden getroffen hatten. Ein Rekord für die Ewigkeit? Einen Tag vor dem Jahrestag des Blitztreffers, am 22. August 2015, stellte Kevin Volland (o.) mit ebenfalls neun Sekunden die Bestmarke ein – im Spiel 1899 Hoffenheim gegen Bayern München.

Pokalsieger

2011	FC Schalke 04
2012	Borussia Dortmund
2013	FC Bayern München
2014	FC Bayern München
2015	VfL Wolfsburg
2016	FC Bayern München
2017	Borussia Dortmund

Fünfundfünfzig bis
zur Fünfundfünfzigsten

In der 55. Spielzeit der Fußball-Bundesliga 2017/18 kam kein Neuling ins deutsche Oberhaus. 55 Vereine konnten seit 1963 einen der begehrten Plätze der Bundesliga ergattern – einige von ihnen gingen in den Wirren der Fußballgeschichte verschollen: Der SC Tasmania 1900 Berlin verschwand 1973 von der Landkarte, Blau-Weiß 90 Berlin 1992, der VfB Leipzig 2004. Andere ehemalige Bundesligisten kämpfen mittlerweile in der vierten oder fünften Spielklasse – Regional- und Oberliga – um die Punkte. Das Epizentrum der Liga ist eindeutig Nordrhein-Westfalen, mit 18 Bundesligaklubs seit 1963. Drei Bundesländer haben dagegen noch keine Erstligaerfahrung: Schleswig-Holstein, Sachsen-Anhalt und Thüringen. Wie schnell es allerdings gehen kann, zeigte RB Leipzig, das 2016/17 von null auf hundert durchstartete und Vizemeister wurde – Fußball ist bekanntlich ein schnelllebiges Geschäft ...

Frankfurt / Oder

BRANDENBURG

Berlin

BERLIN

Potsdam

MECKLENBURG-VORPOMMERN

Stralsund

Rostock

Schwerin

SACHSEN-ANHALT

Magdeburg

Braunschweig

Hannover

HAMBURG

Lübeck

Hamburg

Kiel

SCHLESWIG-HOLSTEIN

Flensburg

BREMEN

Bremerhaven

Bremen

NIEDERSACHSEN

Bielefeld

Osnabrück

Münster

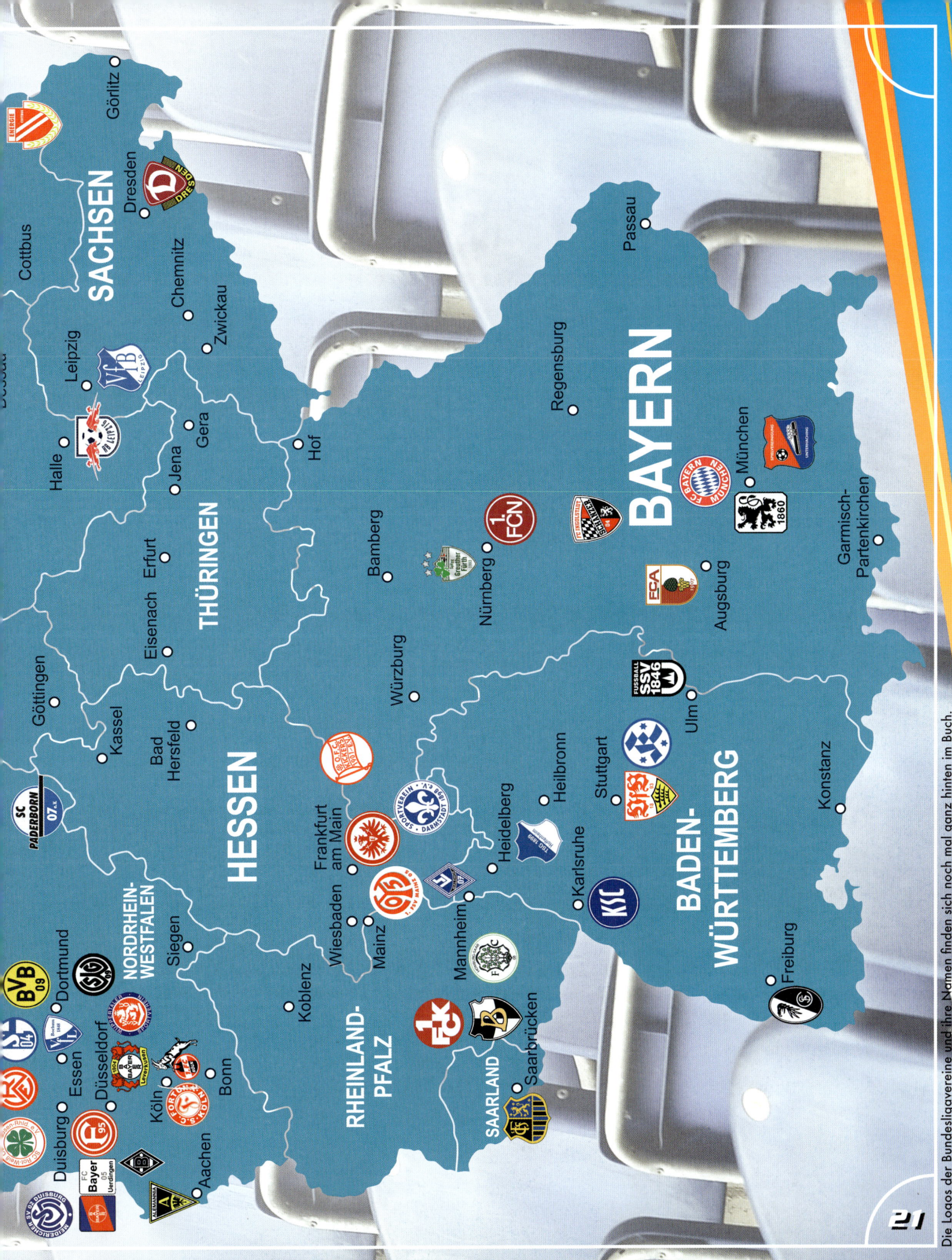

SACHSEN

Görlitz

Cottbus

Dresden

Chemnitz

Zwickau

Leipzig

Halle

Gera

Jena

Hof

Erfurt

Eisenach

THÜRINGEN

Bamberg

Würzburg

Regensburg

Passau

BAYERN

München

Nürnberg

Augsburg

Garmisch-
Partenkirchen

Göttingen

Kassel

Bad
Hersfeld

HESSEN

Frankfurt
am Main

Wiesbaden

Mainz

Mannheim

Heidelberg

Heilbronn

Stuttgart

Ulm

Konstanz

BADEN-
WÜRTTEMBERG

Freiburg

Karlsruhe

NORDRHEIN-
WESTFALEN

Siegen

Koblenz

RHEINLAND-
PFALZ

Saarbrücken

SAARLAND

Dortmund

Düsseldorf

Essen

Köln

Bonn

Aachen

Duisburg

Die Logos der Bundesligavereine und ihre Namen finden sich noch mal ganz hinten im Buch.

Meister

Einmal die Meisterschale in den Himmel recken zu dürfen, ist zweifellos der Traum aller Fußballer zwischen Kieler Förde und Berchtesgadener Land. Der Wanderpokal löste 1949 die »Viktoria« ab, die den Meistern seit 1903 verliehen wurde, 1944 in den Wirren des Krieges verloren ging und 1990 mit der Wiedervereinigung wieder auftauchte. Auf der Meisterschale sind alle Meister seit 1903 eingraviert – vom VfB Leipzig bis zum FC Bayern München.

FC Bayern München
26 Bundesliga-Meisterschaften:

1969, 1972, 1973, 1974, 1980, 1981, 1985, 1986, 1987, 1989, 1990, 1994, 1997, 1999, 2000, 2001, 2003, 2005, 2006, 2008, 2010, 2013, 2014, 2015, 2016, 2017

28. Juni 1972: Nach dem glorreichen 5:1-Sieg gegen Schalke 04 hat Sepp Maier die Meisterschale stibitzt, Franz »Bulle« Roth möchte auch mal und stoppt den Ausreißer hart, aber herzlich – die erste von drei Meisterschaften in Folge und ein Meilenstein auf dem Weg nicht nur an die nationale, sondern auch die europäische Spitze.

Ein verschworener Haufen: Vier Jahre nach dem Aufstieg in die Bundesliga feiert der FC Bayern 1969 die erste Meisterschaft. Nur 13 Spieler setzte Meistermacher Branko Zebec (unten, Mitte) während der Saison ein (von oben links nach unten rechts): Franz Beckenbauer, Gerd Müller, Franz Roth, Gustl Starek, Helmut Schmidt, Georg Schwarzenbeck, Rainer Ohlhauser, Peter Pumm, Sepp Maier, Werner Olk und Dieter Brenninger – nicht im Bild: Peter Kupferschmidt und Gustav Jung.

14. August 1971: Bayern startet mit einem 3:1 gegen Fortuna Düsseldorf in die neue Spielzeit und Uli Hoeneß in seine zweite Saison bei den Münchnern. Zu drei Meisterschaften in Folge trägt das brandgefährliche Duo Müller/Hoeneß gigantische 154 Tore bei. 1979 muss der Stürmer seine Karriere wegen eines Knorpelschadens mit 27 Jahren beenden, wird umgehend zum jüngsten Manager der Liga und zum Baumeister des Bayern-Erfolgs. Dreimal wurde er als Spieler deutscher Meister, 16-mal in 30 Jahren als Manager und dreimal als Präsident.

29. April 2017: Mit seiner achten Meisterschaft nimmt Philipp Lahm, der vielleicht beste Außenverteidiger der Bundesligahistorie, Abschied vom grünen Rasen. Mit einem locker-flockigen 6:0 in Wolfsburg machte Bayern München Titel Nummer fünf in Folge klar. Ein neuer Rekord, denn zuvor hatte es lediglich vier Titel-Hattricks gegeben, drei davon durch den Rekordmeister: 1972–1974, 1985–1987 und 1999–2001.

Allianz ⑪ Arena

Eine Weißbierdusche nach der nächsten: Oliver Kahn (l.) und Mehmet Scholl (r.) sind neben Bastian Schweinsteiger und Philipp Lahm die beiden erfolgreichsten Titelsammler der Bundesliga – zwischen 1994 und 2008 gewannen der Keeper und der Kreative je acht Meisterschaften mit dem FC Bayern.

2007 stieß Franck Ribéry (l.) zum Münchner Starensemble, 2009 folgte Arjen Robben (r.), und seither zittert die Liga vor »Robbery«, der mutmaßlich schnellsten und trickreichsten Flügelzange der Bundesligageschichte. Angesichts der Verletzungsanfälligkeit des Duos leiteten die Bayern 2015 mit den Verpflichtungen von Douglas Costa und Kingsley Coman den Generationenwechsel ein.

Borussia Mönchengladbach
5 Bundesliga–Meisterschaften:

1970, 1971, 1975, 1976, 1977
und Serienmeister

Allan Simonsen zieht ab. Der laufende Dänen-Meter, mit 1,65 zeitweise kleinster Bundesligaprofi, kam 1972 an den Bökelberg, hatte Anlaufschwierigkeiten und galt schon als Transferflop, schaffte 1974 aber doch noch – und wie – den Durchbruch, gewann drei Meisterschaften mit Borussia und wurde Europas Fußballer des Jahres 1977.

Die Keimzelle der Original-Fohlenelf: 1963 unterschrieb Günter Netzer (r.) einen Profivertrag beim Regionalligisten Mönchengladbach und Hennes Weisweiler (2. v. r.) übernahm das Traineramt. 1964 stießen die Nachwuchsstürmer Jupp Heynckes (l.) und Bernd Rupp (2. v. l.) dazu. Nach dem sofortigen Aufstieg elektrisierte die blutjunge Elf die Bundesliga, gewann 1970 ihren ersten Meisterlorbeer und wurde, inzwischen nicht mehr ganz so jung, zum dominierenden Team der 1970er-Jahre.

Unerhört! Als erste Mannschaft überhaupt verteidigt die Borussia 1971 den Titel – der zweite von fünf in den 1970er-Jahren. Überhaupt geschieht am Bökelberg immer wieder Unerhörtes: 1971 kommt es zum berühmt-berüchtigten Pfostenbruch, wenige Monate später zum legendären 7:1 im Landesmeisterpokal gegen Inter Mailand, das jedoch annulliert wird, nachdem Roberto Boninsegna von einer »Dose leer« getroffen worden war. 1973 wechselt sich Günter Netzer im Pokal-Endspiel gegen den Erzrivalen aus Köln selbst ein und entscheidet das Spiel, 1978 kegelt die Borussia jene aus Dortmund mit zwölf Toren aus dem Stadion.

Borussia Dortmund
5 Bundesliga–Meisterschaften:

1995, 1996, 2002, 2011, 2012

Geballte Kompetenz in Sachen Torvereitelung und Aufbauspiel: Mit Júlio Césars sanfter Eleganz, Jürgen Kohlers herzlicher Härte und Matthias Sammers effektiver Organisation verteidigt Borussia Dortmund nicht nur 1996 den Bundesliga-Titel, sondern triumphiert 1997 auch in der Champions League.

Schwarz-gelbe Orgelpfeife: Jan Koller, Tomáš Rosický und Márcio Amoroso schossen den BVB 2001/02 mit 34 Toren zum dritten Bundesliga-Titel. Die nach dem Börsengang rundum erneuerte Mannschaft erreichte zudem das Endspiel des UEFA-Cups, wo sie allerdings in Rotterdam an Feyenoord scheiterte.

Der verlorene Sohn: Er wuchs in München auf, durchlief alle Jugendmannschaften des FC Bayern, machte 2007 ein Bundesligaspiel für den Rekordmeister – und trotzdem war für Mats Hummels kein Platz im Starensemble der Roten. 2008 wechselte er zum BVB, prägte eine Ära und gewann die Meisterschaften 2011 und 2012. Hermann Gerland, langjährig im Trainerstab der Bayern, kommentierte: »Wir hätten ihn nie abgeben dürfen. Er war schon immer eine Bombe.« 2016 wechselte der umsichtige Abwehrchef zurück an die Isar – für bescheidene 35 Mio. €.

Werder Bremen
4 Bundesliga–Meisterschaften:

1965, 1988, 1993, 2004

Der Double-Hammer von der Weser: Spielmacher Johan Micoud und das Sturmduo Ivan Klasnić/Aílton trafen 51-mal ins Schwarze, als Werder Meisterschaft Nummer vier nach Bremen holte. Und nicht nur das: Das Trio ballerte die Grün-Weißen mit 16 Toren in sechs Spielen auch zum Pokalsieg – das erste und einzige Double der Vereinsgeschichte.

Das erste Wunder von der Weser: 1965 ließ die legendäre »Beton-Abwehr« um Josef Piontek und Horst-Dieter Höttges nur 29 Tore in 30 Spielen zu und gewann sensationell die Meisterschaft. Mit einem 3:2 beim 1. FC Nürnberg am letzten Spieltag machten die Werderaner endgültig alles klar und verwiesen Titelverteidiger und -favorit 1. FC Köln auf Platz zwei.

Hamburger SV
3 Bundesliga-Meisterschaften:

1979, 1982, 1983

Umringt von Hamburger Jungs: Zwischen 1976 und 1986 leitete Spielmacher Felix Magath – fränkischer Akzent, puerto-ricanischer Teint – die Geschicke des Hamburger Sportvereins. Bei allen drei Meisterschaften stemmte er die Schale in die Höhe und traf sowohl 1977 im Endspiel des Europapokals der Pokalsieger als auch 1983 im Endspiel der Landesmeister, als der HSV seine einzigen beiden europäischen Titel gewann.

Keiner flog schöner durch den gegnerischen Strafraum: »Kopfballungeheuer« Horst Hrubesch (M.) schoss (seltener) und köpfte (häufiger) in den drei Meister-Spielzeiten gigantische 58 Tore. Auch Jimmy Hartwig (l.), wie Magath Spross eines amerikanischen GIs, war bei allen drei Titel-Fischzügen dabei – und mit seinem unwiderstehlichen Charme und losen Mundwerk einer der Lieblinge der Liga.

VfB Stuttgart
3 Bundesliga-Meisterschaften:

1984, 1992, 2007

Ásgeir Sigurvinsson (l.) in Jubelpose, Karl Allgöwer (r.) ist der erste Gratulant. Der »Eismeer-Zico« und der »Wasen-Karle« waren die Fixpunkte einer fantastischen Mittelfeldreihe und trafen je zwölfmal ins Schwarze, als der VfB 1984 seine erste Bundesliga-Meisterschaft feierte.

Rasendüngung aus der Magnumflasche: In einer Saison, in der die Titelaspiranten Bayern München, Werder Bremen und Schalke 04 sich die eine oder andere Schwächephase gönnten, witterte der VfB Stuttgart seine Chance und rollte das Feld buchstäblich von ganz hinten auf. Der 21-jährige Mario Gómez war der Top-Goalgetter eines blutjungen Teams, das zu Beginn der Saison 2006/07 niemand auf der Rechnung gehabt hatte.

1. FC Köln
2 Bundesliga-Meisterschaften:

1964, 1978

Alles neu macht der Mai: Nachdem der Meister von 1962 seinen Titel 1963 nicht hatte verteidigen können, gingen die Geißböcke mit drei frischen Kräften in die erste Spielzeit der Bundesliga. Trainer Georg Knöpfle (M.), von Werder Bremen an den Rhein gewechselt, begrüßt zu Saisonbeginn zwei hoffnungsvolle Talente aus der Region: den 19-jährigen Spielmacher Wolfgang Overath (r.) aus Siegburg und den 18-jährigen Verteidiger Wolfgang Weber (l.) aus Porz. Am Ende der Saison sind beide Meister und Nationalspieler.

1. FC Kaiserslautern
2 Bundesliga-Meisterschaften:

1991, 1998

9. Mai 1998: Die Roten Teufel schrieben Geschichte – am vierten Spieltag übernahm der Aufsteiger die Tabellenspitze und gab sie nicht mehr her. Meistertrainer Otto Rehhagel (M.), »Zaubermaus« Ratinho (l.) und Abwehr-Ass Andi Brehme (r.) finden spontan zur inneren Andacht zusammen – einen Durchmarsch aus der zweiten Liga zum Meistertitel hatte es schließlich noch nie gegeben und wird es wohl auch nie wieder geben.

Advent, Advent, ein Lichtlein brennt: Es begab sich am 2. Dezember 1967, da der 1. FC Nürnberg, seinerzeit mit acht Titeln zwischen 1920 und 1961 deutscher Rekordmeister, den FC Bayern München mit 7:3 nach Hause schickte. Alleine Franz Brungs (r.) stach fünfmal ins bayerische Herz – und traf insgesamt 25-mal, als die Franken ihre bis dato letzte Meisterschaft gewannen. Nachdem Trainer Max Merkel den Stürmer in der Folgesaison ausmusterte, stieg der Club prompt ab – als amtierender Meister!

1. FC Nürnberg
1 Bundesliga-Meisterschaft:

1968

VfL Wolfsburg
1 Bundesliga-Meisterschaft:

2009

Bosnisch-brasilianisches Feuerwerk: Edin Džeko (M.) und Grafite (r.) machten die Tore, Zvjezdan Misimović (l.) gab die Vorlagen. Der Lenker und Denker war in der Form seines Lebens, trieb das Spiel der Niedersachsen unermüdlich an und bereitete gigantische 20 Tore vor, als die Magath-Elf den FC Bayern auf Platz zwei verwies.

TSV 1860 München
1 Bundesliga-Meisterschaft:

1966

Stabile Seitenlage in luftiger Höhe: Torjäger Rudi Brunnenmeier stürmte von 1960 bis 1968 für den TSV 1860 München. Die Löwenikone gewann 1964 den Pokal, stand 1965 im Endspiel des Europapokals der Pokalsieger und wurde 1966 Meister – am vorletzten Spieltag gewannen die Sechzger nach seinem Treffer das Duell gegen Borussia Dortmund, zogen am Tabellenführer vorbei und machten den Titel perfekt.

Eintracht Braunschweig
1 Bundesliga-Meisterschaft:

1967

Anmut und Akrobatik: Lothar Ulsaß steigt im Rheinstadion lehrbuchgemäß in die Lüfte und schickt das Leder in den blauen Himmel über Düsseldorf. Die als »Provinztruppe« verspottete Eintracht aus Braunschweig galt als Abstiegskandidat, lehrte die Gegner jedoch mit eisernem Catenaccio Mores und konterte sich mit nur 27 Gegentreffern aus dem Nichts zur deutschen Meisterschaft.

Dinosaurier und Eintagsfliegen

Einige kamen, um zu bleiben. Andere verschwanden schnell wieder von der Bildfläche. Allein der Hamburger SV fehlte bis dato in keiner einzigen Bundesligasaison. Acht Vereine, darunter Gründungsmitglied Preußen Münster, brachten es dagegen nur auf eine einzige Spielzeit in der höchsten deutschen Spielklasse.

Mindestens 50 Spiel-zeiten in der Bundesliga

Verein	Spielzeiten
Hamburger SV	55
Werder Bremen	54
FC Bayern München	53
VfB Stuttgart	52
Borussia Dortmund	51
Borussia Mönchengladbach	50
FC Schalke 04	50

Wollte die Fußballschuhe schon an den Nagel hängen, um zu studieren, probierte es aber doch noch mal: 1995/96 spielte Matthias Hagner dann eine fantastische Saison und schoss Bayern München beim sensationellen 4:1 quasi im Alleingang ab. Trotzdem stieg Eintracht Frankfurt erstmals ab, wie auch der 1. FC Kaiserslautern, der in der ersten Spielzeit mit der Drei-Punkte-Regel das Gewinnen vergaß und 18-mal unentschieden spielte. Da waren es nur noch zwei Gründungsmitglieder ...

Nur eine Saison in der Bundesliga

Verein	Saison
Preußen Münster	1963/64
SC Tasmania 1900 Berlin	1965/66
SC Fortuna Köln	1973/74
Blau-Weiß 90 Berlin	1986/87
VfB Leipzig	1993/94
SSV Ulm 1846	1999/00
SpVgg Greuther Fürth	2012/13
SC Paderborn 07	2014/15

Spitzenreiter, Spitzenreiter, hey, hey! Nach dem 2:0 gegen Hannover 96 durch Elias Kachunga (3. v. l.) und Moritz Stoppelkamp hätte die Laune beim SC Paderborn 07 nicht besser sein können. Nach vier Spieltagen grüßte der Aufsteiger sensationell von der Tabellenspitze. Doch dann ging es langsam, aber stetig bergab. Noch am letzten Spieltag wäre die Rettung möglich gewesen, doch daraus wurde nichts und die Westfalen waren weg vom Fenster.

11. November 1997: Am ersten Tag der fünften Jahreszeit, des Kölner Karnevals, musste der FC ins rechtsrheinische Leverkusen und bekam ordentlich die Hucke voll. Kurz nach dem 1:0 durch Erik Meijer köpfte Ulf Kirsten (l.) noch an Verteidiger Dirk Schuster (sinnbildlich verkleidet als malader Abstiegskandidat) und am Pfosten vorbei, traf danach aber satte dreimal. Patient Köln erholte sich nicht mehr und stieg erstmals ab. Von nun an war Dino HSV allein auf weiter Flur.

Der Dino: Das letzte verbliebene Gründungsmitglied rettete sich zuletzt zweimal hauchdünn in der Relegation vor dem bitteren Gang in Liga zwei. 2014 spielten die Hanseaten 0:0 und 1:1 gegen die SpVgg Greuther Fürth und blieben nur wegen der Auswärtstorregel erstklassig. 2015 wurde es noch enger: Nach einem enttäuschenden 1:1 im Volksparkstadion lag der HSV beim KSC bis in die Nachspielzeit zurück, Marcelo Díaz machte in letzter Sekunde den Ausgleich, Nicolai Müller in der Verlängerung den Wahnsinn komplett. Noch tickt die ewige Bundesliga-Uhr …

Die Gründungsmitglieder der Bundesliga

Verein	Erster Abstieg	Spielzeiten in der Bundesliga (bis 2018)
Preußen Münster	1964	1
1. FC Saarbrücken	1964	5
Hertha BSC	1965	35
Karlsruher SC	1968	24
1. FC Nürnberg	1969	32
TSV 1860 München	1970	20
Borussia Dortmund	1972	51
Eintracht Braunschweig	1973	21
VfB Stuttgart	1975	52
Werder Bremen	1980	54
FC Schalke 04	1981	50
Meidericher SV (MSV Duisburg)	1982	28
1. FC Kaiserslautern	1996	44
Eintracht Frankfurt	1996	49
1. FC Köln	1998	47
Hamburger SV	–	55

Das Wunder von Neunkirchen: In der Aufstiegsrunde zur Bundesligasaison 1964/65 siegte Borussia Neunkirchen sensationell beim hohen Favoriten Bayern München. Günter Kuntz (l.), Vater des deutschen Meisters und Fußballer des Jahres 1991 sowie zweifachen Torschützenkönigs Stefan Kuntz, schoss das entscheidende 2:0. Die ungemein heimstarken Saarländer mischten die Liga auf und fegten u. a. Schalke 04 aus dem Ellenfeldstadion (hier das zwischenzeitliche 2:1). 1968 war das Kapitel Bundesliga jedoch endgültig vorbei und der Abstieg in die Niederungen des Amateurfußballs begann.

Fahrstuhlmannschaften

Nach der Aufstiegsfeier ist vor dem Abstiegskrimi – manche Mannschaften pendeln beständig zwischen erster und zweiter Liga. Zu gut fürs Unterhaus, nicht gut genug für die Beletage, erleben sie immer wieder das Drama des Abstiegs, aber eben auch die Euphorie des Aufstiegs – eine Achterbahnfahrt der Gefühle nicht nur für die Spieler, sondern auch für die Anhänger, die mal durchs Fegefeuer gehen, um dann wieder auf Wolke sieben zu schweben.

Begräbnis erster Klasse: St. Pauli stieg 2011 zum fünften Mal aus der Bundesliga ab. Und das ist auch gut so, findet klammheimlich oder ganz ausdrücklich ein nicht unbeträchtlicher Teil der Anhänger in den schwarzen, totenkopfgeschmückten Kapuzenpullovern. Denn echten Klassenkampf kann man bekanntlich nur im Unterhaus anzetteln, nicht in der falschen Glitzerwelt der ersten Liga.

Rekord-Absteiger der Bundesliga

	Verein	Abstiege Anzahl	Jahre
1.	1. FC Nürnberg	8	1969, 1979, 1984, 1994, 1999, 2003, 2008, 2014
2.	Arminia Bielefeld	7	1972, 1979, 1985, 1998, 2000, 2003, 2009
3.	MSV Duisburg	6	1982, 1992, 1995, 2000, 2006, 2008
	Karlsruher SC	6	1968, 1977, 1983, 1985, 1998, 2009
	VfL Bochum	6	1993, 1995, 1999, 2001, 2005, 2010
	Hertha BSC	6	1965, 1980, 1983, 1991, 2010, 2012

Almauftrieb: Die Anhänger der Arminia aus Bielefeld feiern im Mai 2004 Aufstieg Nummer sieben – nur Nummer zwei aus dem Jahr 1980 ist gerade nicht im Bild zu sehen. An dieser Stelle ist den Gerüchten, die Stadt Bielefeld gebe es gar nicht, entschieden entgegenzutreten: Es gibt dort sogar ein Stadion – die »Alm« – sowie einen Fahrstuhl, der ständig in Betrieb ist – in den letzten Jahren allerdings zwischen zweiter und dritter Liga.

Rekord-Aufsteiger der Bundesliga

	Verein	Aufstiege Anzahl	Jahre
1.	1. FC Nürnberg	7	1978, 1980, 1985, 1998, 2001, 2004, 2009
	Arminia Bielefeld	7	1970, 1978, 1980, 1996, 1999, 2002, 2004
3.	VfL Bochum	6	1971, 1994, 1996, 2000, 2002, 2006
	Hertha BSC	6	1968, 1982, 1990, 1997, 2011, 2013

Volles Haus: Am 34. Spieltag der Saison 2010/11 trafen Hertha BSC und der FC Augsburg aufeinander – im sprichwörtlichen Spiel um die goldene Ananas. Die Alte Dame stand als Zweitligameister längst fest und auch die Fuggerstädter konnten nicht mehr von Platz zwei verdrängt werden. Trotzdem fanden bei herrlichem Sonnenschein mehr als 77 000 Zuschauer ins Olympiastadion – so viele wie noch nie seit Einführung der eingleisigen zweiten Liga. Der Gastgeber erfüllte die Mission auch im letzten Spiel mit 2:1 – und die XXL-Aufstiegsfeier konnte beginnen.

Erst Rekordmeister, dann Fahrstuhlmannschaft: Nach dem zwischenzeitlichen Absturz in die Drittklassigkeit und diversen Fahrstuhljahren sorgten Marek Mintál und Hans Meyer für ein Zwischenhoch beim 1. FC Nürnberg. Der slowakische Stürmer wurde 2004 in der zweiten Liga Torschützenkönig und – nach dem Aufstieg – 2005 auch in der ersten. Der im heutigen Tschechien geborene Trainer stabilisierte den Club im Oberhaus und führte ihn zum bis dato letzten großen Erfolg, dem Pokalsieg 2007 gegen den VfB Stuttgart.

Friedhelm Funkel auf dem Höhepunkt seiner Karriere – nach dem sensationellen Pokalsieg 1985 gegen Bayern München. Zehn Jahre zuvor war er mit Bayer 05 Uerdingen in die Bundesliga aufgestiegen, als Spieler stieg er nicht ein einziges Mal ab. Als Trainer stand er in den beiden Bundesligen so oft an der Seitenlinie wie kein anderer und ist absoluter Rekord-Fahrstuhltrainer. Fünfmal stieg er zwischen 1992 und 2005 in die Bundesliga auf, erlebte zwischen 1991 und 2010 aber auch sieben Abstiege – vier davon bis zum bitteren Ende.

Der Rekord, den man seinem ärgsten Feind nicht wünscht: Auch Andreas Keim (1985 bis 1992) und Stephan Paßlack (1991 bis 2003) schafften es, fünfmal aus der Bundesliga abzusteigen, doch Jürgen Rynio ist eindeutig der König der Absteiger. Erstens war er der erste, zweitens riss er ab 1968 fünf verschiedene Bundesligisten mit in den Abgrund und stand drittens bei seinem letzten Abstieg 1986 mit Hannover 96 nur zweimal zwischen den Pfosten, hatte aber zwölfmal Anlass, sich entgeistert auf den Hosenboden zu setzen.

Durchgerasselt – die schlechtesten Absteiger

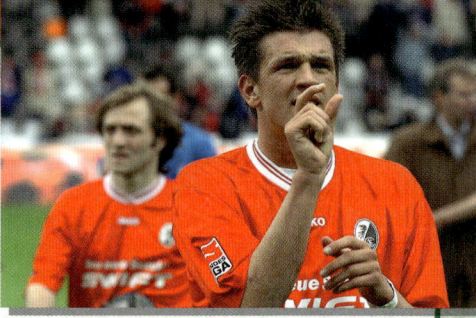

Wenn nichts mehr geht, dann geht's ohne Umwege in Liga zwei. Abstieg ist nicht gleich Abstieg – während es die meisten erst spät dahinrafft, können andere bereits früh »eingleisig« planen. Und wie das Beispiel Tasmania Berlin beweist, kann man auch ohne Punkte zu ewiger Berühmtheit gelangen.

So knapp war's, zeigt Zlatan Bajramović an – stimmt aber gar nicht. Tatsächlich rasselte der SC Freiburg 2004/05 mit Pauken und Trompeten durch. Ganze drei Partien gewannen die Breisgauer und waren am Ende mit 18 Zählern abgeschlagen Letzter – die schlechteste Punkteausbeute seit Einführung der Drei-Punkte-Regel.

Einmarsch der Gladiatoren: Angeführt von Kapitän Atze Becker und mit breiter Brust läuft Tasmania Berlin am zweiten Spieltag der Saison 1965/66 auf dem Gladbacher Bökelberg auf. Nach dem 2:0 gegen den Karlsruher SC am ersten Spieltag stand der Aufsteiger, der sich nicht sportlich qualifiziert hatte, sondern nach dem Zwangsabstieg von Hertha BSC als Berliner Klub nominiert worden war, auf Platz drei. Doch die Fohlen machten kurzen Prozess und schickte die Grünschnäbel mit 5:0 nach Hause. Tasmania holte nur noch einen einzigen Sieg und ist bis heute berühmt als die »schlechteste Bundesligamannschaft aller Zeiten«.

Die schlechtesten Absteiger bis 1994/95 – Zwei-Punkte-Regel

	Saison	Mannschaft	S/U/N	Tordifferenz		Punkte
1.	1965/66	SC Tasmania 1900 Berlin	2/4/28	15:108	−93	8:60
2.	1974/75	Wuppertaler SV	2/8/24	32:86	−54	12:56
3.	1990/91	Hertha BSC	3/8/23	37:84	−47	14:54
4.	1983/84	1. FC Nürnberg	6/2/26	38:85	−47	14:54
5.	1974/75	Tennis Borussia Berlin	5/6/23	38:89	−51	16:52

Rudi Kargus konnte einem wirklich leidtun: 79-mal musste der Torwart in der Saison 1983/84 den Ball aus dem Kasten des Clubs holen. Insbesondere auswärts war für den 1. FC Nürnberg nichts zu holen – als erste und bis heute einzige Mannschaft der Bundesligageschichte blieben die Franken ohne einen einzigen Punkt auf fremdem Geläuf und stiegen sang- und klanglos ab.

Heute Eimsieg! 16 Spiele lang hatte die SpVgg Greuther Fürth daheim keinen Blumentopf gewonnen. Vier Unentschieden und zwölf Niederlagen standen zu Buche, als zum 17. und letzten Heimspiel der Spielzeit 2012/13 der SC Freiburg in den Ronhof kam. Längst stand der Abstieg des Aufsteigers fest, enttäuschte Dauerkartenbesitzer wollten wenigstens ein einziges Mal zu Hause jubeln, doch trotz der frühen Führung durch Matthias Zimmermann wurde daraus nichts, denn die Badener drehten das Spiel nach der Pause.

Geht's mir alle weg: Schmähbruder Toni Polster winkt verzweifelt ab. Schon in den beiden vorausgegangenen Spielzeiten war die Borussia aus Mönchengladbach am Rande des Abgrunds getaumelt, 1998/99 ging es endgültig dahin. Außer dem österreichischen Stürmer traf niemand und nach zwei epischen Untergängen gegen Leverkusen (2:8) und Wolfsburg (1:7) am zehnten und elften Spieltag ging gar nichts mehr – der erste Gladbacher Abstieg war perfekt.

Die schlechtesten Absteiger seit 1995/96 – Drei-Punkte-Regel

	Saison	Mannschaft	S/U/N	Tore		Punkte
1.	2004/05	SC Freiburg	3/9/22	30:75	−45	18
2.	1998/99	Borussia Mönchengladbach	4/9/21	41:79	−38	21
3.	2012/13	SpVgg Greuther Fürth	4/9/21	26:60	−34	21
4.	1999/00	MSV Duisburg	4/10/20	37:71	−34	22
5.	2011/12	1. FC Kaiserslautern	4/11/19	24:54	−30	23

Die Alte Dame Hertha fror am 19. Dezember 2009 in der Münchner Arena bitterlich, während die Hausherren sichtlich Spaß am vorweihnachtlichen Eisstockschießen hatten. Daniel Van Buyten (r.) eröffnete den Torreigen und am Ende hieß es 5:2 für den kommenden Meister. Die Berliner hatten am ersten Spieltag gegen Hannover 96 gesiegt, dann aber gar nicht mehr – die schlechteste Vorrunde seit Einführung der Drei-Punkte-Regel und der direkte Weg in Liga zwei.

Serien

Alles hat ein Ende ... nur der Ball nicht, denn der ist bekanntlich rund. Während Torflauten und soundso viele Niederlagen am Stück sich wie Unendlichkeiten anfühlen, können Siegesserien gar nicht lange genug dauern. Die einen warten und warten auf die Erlösung von der Schmach, während die anderen ihren Höhenflug in vollen Zügen genießen – aber Achtung: Bloß nicht den Boden unter den Füßen verlieren! Die rühmlichsten Serien der Bundesligageschichte gehen in der Regel auf das Konto des FC Bayern, die schmachvollsten zumeist auf andere Kerbhölzer.

21. Februar 1981: Edmund »Ede« Becker steht die Erlösung ins Gesicht geschrieben. Nach seinem 2:0 gewinnt der Karlsruher SC 2:1 bei Fortuna Düsseldorf – der erste Auswärtssieg der Badener in der ersten Bundesliga seit genau fünf Jahren, seit dem 3:1 am 21. Februar 1976 in Müngersdorf gegen den 1. FC Köln. 35 Spiele (oder rund zwei Spielzeiten) war der KSC zwischenzeitlich auswärts sieglos geblieben und hatte drei Jahre im Unterhaus geschmort.

2. März 2002 – eine bleierne Stimmung lag über Köln, sogar der Dom schien die Flügel hängen zu lassen. Seit 959 Minuten hatte der FC vor dem Heimspiel gegen Hertha BSC nicht mehr getroffen. Nach sechs Minuten übertrafen die Geißböcke den Rekord des 1. FC Saarbrücken, kurz vor der Pause durchbrachen sie die magische Grenze von 1000 Minuten – und die Fans in Rot und Weiß begleiteten das gespenstische Geschehen mit ironischen Jubelstürmen. In der 75. Minute beendete Thomas Cichon, nach unendlich langen 17 Stunden und 13 Minuten, den Torfluch – mit seinem einzigen Treffer in der ersten Bundesliga.

28. September 1974 – das Ende einer Wahnsinnsserie, ja einer Ära: Die Schalker Abwehr um Rolf Rüssmann (l.) und Helmut Kremers (h.) verrichtete Schwerstarbeit, »Bomber« Gerd Müller (r.) verzweifelte ein ums andere Mal an Torwart Norbert Nigbur (v.), der einen absoluten Sahnetag erwischt hatte. Durch Tore von Rüdiger Abramczik und Aki Lütkebohmert gewannen die Knappen im Münchner Olympiastadion 2:0. Die erste Heimniederlage der Bayern seit sage und schreibe vier Jahren und 184 Tagen. Von 73 Heimspielen seit März 1970 hatten sie 62 gewonnen, elfmal unentschieden gespielt, 257 Tore geschossen und nur 74 kassiert.

	Verein	Saison	Minuten ohne Tor	Torverhältnis
1.	1. FC Köln	2001/02	1033	0:16
2.	1. FC Saarbrücken	1992/93	963	0:23
3.	Tasmania Berlin	1965/66	830	0:27
4.	Eintracht Frankfurt	2010/11	792	0:13
5.	Karlsruher SC	2008/09	752	0:8
6.	Hamburger SV	2016/17	716	0:14
7.	Schalke 04	1967/68	704	0:13
8.	FC St. Pauli	1996/97	655	0:11
9.	VfL Bochum	1991/92	602	0:7

Mit der längsten Siegesserie der Bundesligageschichte spielte der FC Bayern in der Saison 2013/14 die versammelte Konkurrenz in Grund und Boden. Am 9. Spieltag begann der Höhenflug gegen Mainz 05 (4:1), am 27. Spieltag feierten die Bayern gegen Hertha BSC (3:1) den 19. Sieg in Folge und damit vorzeitig die Meisterschaft. Vier Tage später führte der frischgebackene Meister 3:1 bei der TSG Hoffenheim, als die Kraichgauer das Ruder herumrissen und Roberto Firmino (Foto) nach einem feinen Steilpass der Treffer zum 3:3-Endstand gelang.

Der Unbesiegbare: Jérôme Boateng. Am 28. Oktober 2012 stand es kurz vor Schluss der Partie des FC Bayern gegen Bayer Leverkusen 1:1, als Sidney Sam den bayerischen Abwehrrecken anköpfte, von dessen Schädel das Leder in den linken Winkel hinter Manuel Neuer prallte. Erst rund zwei Jahre und drei Monate später, am 30. Januar 2015, ging Boateng aus einem Bundesligaduell wieder als Verlierer vom Platz – als Kevin De Bruyne und Bas Dost ein Feuerwerk abbrannten und der VfL Wolfsburg 4:1 gewann. Sagenhafte 56 Spiele lang hatte der Unbesiegbare im Trikot der Bayern in der Zwischenzeit nicht mehr verloren ...

Längste Siegesserien – mindestens zehn Siege in Folge:

1.	FC Bayern München	19 Siege	19. Oktober 2013 bis 25. März 2014
2.	FC Bayern München	15 Siege	19. März 2005 bis 20. September 2005
3.	FC Bayern München	13 Siege	4. April 1981 bis 8. September 1981
4.	Borussia Mönchengladbach	12 Siege	14. April 1987 bis 8. August 1987
5.	FC Bayern München	11 Siege	21. April 2012 bis 20. Oktober 2012
6.	VfL Wolfsburg	10 Siege	7. Februar 2009 bis 18. April 2009

Die Oberliga der DDR

Das Wunder von der Grotenburg: Mit dem 1:0 der DDR gegen die BRD bei der WM 1974 schien das ultimative Kapitel deutsch-deutscher Fußballgeschichte bereits in Stein gemeißelt. Doch einen hatte der Fußballgott noch in petto. Am 19. März 1986 reiste Dynamo Dresden zum Viertelfinalrückspiel des Europapokals der Pokalsieger nach Uerdingen. 2:0 hatten die Schwarz-Gelben im heimischen Rudolf-Harbig-Stadion gewonnen, 3:1 führten sie zur Pause in der Krefelder Grotenburg-Kampfbahn, doch die zweite Halbzeit war die vielleicht unglaublichste der Fußballgeschichte und Bayer 05 gewann 7:3.

Als zwischen dem Westen und dem Osten der Eiserne Vorhang jeden Ballwechsel unmöglich machte, gab es Jahr für Jahr zwei deutsche Meister. Zwischen 1949 und 1991 wurden in der Oberliga der DDR 41 Klassenbeste gekürt. 1991 wurden Meister Hansa Rostock und Vizemeister Dynamo Dresden in die Bundesliga eingegliedert, sechs Mannschaften in die zweite Liga.

Tote tragen keine Karos: Eberhard »Matz« Vogel, Rekordspieler der DDR-Oberliga, erscheint zur Weltmeisterschaft 1974 im gelben Hemd. Der Linksaußen wurde 1967 mit dem FC Karl-Marx-Stadt Meister und 1969 Fußballer des Jahres. Nur Joachim »Strich« Streich, im angriffslustigen roten Hemd, hat in der DDR-Oberliga noch mehr Tore auf dem Kerbholz. Zwischen 1969 und 1985 lief der Mittelstürmer 102-mal im Nationaltrikot auf und schoss 55 Tore – zwei Rekorde, die niemand wird überbieten können.

Rekordspieler

	Spieler	Einsätze	Meiste Spiele für	Zeitraum
1.	Eberhard Vogel	440	FC Carl Zeiss Jena	1962–1982
2.	Alois Glaubitz	429	BSG Motor Zwickau	1956–1973
3.	Henning Frenzel	420	1. FC Lokomotive Leipzig	1960–1978
4.	Hans-Jürgen Dörner	392	SG Dynamo Dresden	1969–1986
5.	Reinhard Häfner	391	SG Dynamo Dresden	1970–1988

Rekordtorschützen

	Spieler	Tore	Meiste Spiele für	Zeitraum
1.	Joachim Streich	229	1. FC Magdeburg	1969–1985
2.	Eberhard Vogel	188	FC Carl Zeiss Jena	1961–1982
3.	Günter Schröter	154	SC Dynamo Berlin	1949–1963
4.	Peter Ducke	153	FC Carl Zeiss Jena	1960–1977
5.	Henning Frenzel	152	1. FC Lokomotive Leipzig	1960–1978

Die Liebe überwindet alles – auch die Mauer. Andreas Babendererde (2. v. l.) und Hilmar Weilandt (3. v. l.) sind im Mai 1991 mit der Schale auf der Ehrenrunde im West-Cabriolet und stolz darauf, mit Hansa Rostock letzter Meister der DDR-Oberliga geworden zu sein. Frank Rillich (1. v. l.) interessiert das alles nur am Rande ...

Die schönste Jugend möge nie vergehen: Friedhelm Funkel (l.) Arm in Arm mit Lutz Eigendorf, der 1979, nach einem Freundschaftsspiel seines Berliner FC Dynamo beim 1. FC Kaiserslautern, nicht mehr in die Deutsche Demokratische Republik zurückkehrte. Vier Jahre später kam er auf kurvenreicher, regennasser Straße von der Fahrbahn ab und erlag zwei Tage später seinen Verletzungen. Dass das Ministerium für Staatssicherheit seine Finger im Spiel hatte, konnte weder letztgültig widerlegt noch bewiesen werden.

Mindestens dreimal Meister

	Verein	Anzahl Titel	Jahre
1.	BFC Dynamo	10	1979–1988
2.	SG Dynamo Dresden	8	1953, 1971, 1973, 1976–1978, 1989, 1990
3.	ASK Vorwärts Berlin/ FC Vorwärts Berlin	6	1958, 1960, 1962, 1965, 1966, 1969
4.	1. FC Magdeburg	3	1972, 1974, 1975
	SC Motor Jena/ FC Carl Zeiss Jena	3	1963, 1968, 1970
	SC Wismut Karl-Marx-Stadt	3	1956, 1957, 1959

Alles gewonnen: Als der BFC Dynamo den zehnten Meistertitel in Folge seit 1979 holt, ist Stürmer Andreas Thom zum fünften Mal dabei. Der »Stasi-Club« gewann 1988 auch den Pokal, Thom wurde Torschützenkönig der Oberliga und Fußballer des Jahres. Kurz darauf war alles vorbei: Thom ging 1990 als erster Spieler der Liga in den Westen, der BFC Dynamo verschwand in den Niederungen des gesamtdeutschen Fußballs.

Das Unterhaus – die zweite Bundesliga

1974 löste die zunächst zweigleisige zweite Bundesliga die bisherigen fünf Regionalligen ab. 1981 starteten 20 Mannschaften in die erste eingleisige Saison, nach der Wiedervereinigung wurde das Unterhaus auf 24 Mannschaften aufgestockt und in den folgenden Jahren auf 18 Teilnehmer abgespeckt. Da immer wieder zugkräftige Pferde aus Liga eins vorbeischauen, ist auch das Unterhaus zum bemerkenswerten Zuschauermagneten und Medienspektakel geworden.

Rekordmeister

1.	1. FC Nürnberg	4	1980*, 1985, 2001, 2004
	SC Freiburg		1993, 2003, 2009, 2016
3.	1. FC Köln	3	2000, 2005, 2014
	Arminia Bielefeld		1978*, 1980*, 1999
	Hannover 96		1975*, 1987, 2002
	Hertha BSC		1990, 2011, 2013
	Karlsruher SC		1975*, 1984, 2007
	VfL Bochum		1994, 1996, 2006

*Von 1974 bis 1981 gab es in der zweigleisigen zweiten Bundesliga (Nord und Süd) zwei Meister.

Rekordtorschützen

	Spieler	Tore	Spiele	Meiste Spiele für	Zeitraum
1.	Dieter Schatzschneider	154	201	Hannover 96	1978–1987
2.	Karl-Heinz Mödrath	150	272	Fortuna Köln	1974–1983
3.	Theo Gries	122	293	Hertha BSC	1985–1994
4.	Sven Demandt	121	317	1. FSV Mainz 05	1987–2001
5.	Walter Krause	119	273	Kickers Offenbach	1974–1983

Dauerbrenner – meiste Einsätze im Unterhaus

	Spieler	Einsätze	Meiste Spiele für	Zeitraum
1.	Willi Landgraf	508	Alemannia Aachen	1986–2006
2.	Joaquín Montañés	479	Alemannia Aachen	1972–1989
3.	Karl-Heinz Schulz	463	SC Freiburg	1977–1991
4.	Hans Wulf	440	KSV Hessen Kassel	1974–1990
5.	Wolfgang Krüger	428	Union Solingen	1975–1989

27. Oktober 2004: Alemannia Aachen reiste als Tabellenzweiter zu Schlusslicht Rot-Weiß Erfurt – und nach dem enttäuschenden 0:1 mit einem Dämpfer für die Aufstiegshoffnungen zurück. Willi Landgraf hatte trotzdem Grund zum Feiern: Mit seinem 480. Einsatz in Liga zwei übertrumpfte er den Unterhaus-Rekord von Jo Montañés.

»Tünn« vs. »Schatz«: Toni Schumacher (l.) und Dieter Schatzschneider (r.) sind bereit zum Duell. Im Pokalfinale von 1983 trifft der Goalgetter von Fortuna Köln nicht, während der Goalkeeper des 1. FC Köln seinen Kasten sauber hält. Im deutschen Unterhaus zielte jedoch niemand besser als der »Lange«: Zwischen 1978 und 1982 traf der gebürtige Hannoveraner 131-mal in 160 Spielen für 96.

Die fünf Torschützenkönige mit den meisten Toren in einer Saison

	Saison	Spieler	Verein	Tore
1.	1977/78	Horst Hrubesch	Rot-Weiss Essen	42
2.	1980/81	Frank Mill	Rot-Weiss Essen	40
3.	1981/82	Rudi Völler	TSV 1860 München	37
4.	1988/89	Sven Demandt	Fortuna Düsseldorf	35
	1979/80	Christian Sackewitz	Arminia Bielefeld	35

Hermann Ohlicher, Ottmar Hitzfeld und Hansi Müller (v. l.) sind echte Profis: Schuhe binden? Kein Problem! 45 Tore schoss das Trio 1976/77 und den VfB Stuttgart damit zum Wiederaufstieg. Der Mittelstürmer und spätere Meistertrainer Hitzfeld traf am vorletzten Spieltag gegen Jahn Regensburg gigantische sechsmal ins Schwarze – so oft wie kein Zweitligaspieler vor oder nach ihm in einer Partie.

Torreichste Spiele

11. Juni 1997	1. FC Kaiserslautern – SV Meppen	7:6
21. Dezember 1974	FC St. Pauli – VfL Wolfsburg	10:2
8. März 1980	Freiburger FC – Würzburger FV	10:2

Höchste Siege

23. Mai 1980	Arminia Bielefeld – Arminia Hannover	11:0
2. Februar 1980	Karlsruher SC – ESV Ingolstadt	10:0
19. März 1977	SpVgg Bayern Hof – BSV Schwenningen	10:1

Eric Meijer mag es gerne laut: 2003/04 räumte Alemannia Aachen Bayern München und Borussia Mönchengladbach aus dem Weg und kam bis ins Pokal-Finale – nicht zuletzt dank vier Toren des fliegenden Holländers. In der Saison darauf spielte der Zweitligist infolgedessen international, schlug im UEFA-Cup OSC Lille sowie AEK Athen und schaffte es bis in die Zwischenrunde, als Publikumsliebling Meijer bemerkenswerte fünf Tore in acht Partien machte.

In den 1970er- und noch in den 1980er-Jahren fielen die Tore in der zweiten Bundesliga wie die reifen Pflaumen. Treffsichere Torjäger feierten die Schützenfeste, wie sie fielen. Seither ist der Torschnitt deutlich zurückgegangen und für die Torjägerkanone reichten 2013/14 dürftige 15 Tore. Nils Petersen und Simon Terodde (Foto) sind die bis dato gefährlichsten Torschützenkönige des neuen Fußball-Millenniums in Liga zwei. Petersen traf 2010/11 25-mal für Energie Cottbus, Terodde 2015/16 und 2016/17 ebenso oft für den VfL Bochum sowie den VfB Stuttgart.

Die Bundesliga der Frauen

Seit 1974 wird der deutsche Meister im Frauen-fußball ermittelt. Zunächst dominierte die SSG 09 Bergisch Gladbach, nach Gründung der zwei-gleisigen Bundesliga im Jahr 1990 der TSV Siegen. Seit 1997 wird die Bundesliga eingleisig mit zwölf Mannschaften ausgetragen.

Fußballerinnen des Jahres
(mindestens 2 Titel)

	Spielerin	Titel	Jahre
1.	Birgit Prinz	8	2001–2008
2.	Inka Grings	3	1999, 2009, 2010
3.	Martina Voss	2	1996, 2000
	Célia Šašić		2012, 2015
	Alexandra Popp		2014, 2016

Meisterinnen der Bundesliga

	Verein		Meisterschaften/Jahre
1.	1. FFC Frankfurt	7	1999, 2001, 2002, 2003, 2005, 2007, 2008
2.	1. FFC Turbine Potsdam	6	2004, 2006, 2009, 2010, 2011, 2012
3.	TSV Siegen	4	1991, 1992, 1994, 1996
4.	VfL Wolfsburg	3	2013, 2014, 2017
5.	FC Bayern München	2	2015, 2016
	FSV Frankfurt		1995, 1998
7.	FCR 2001 Duisburg	1	2000
	Grün-Weiß Brauweiler		1997
	TuS Niederkirchen		1993

Heidi Mohr war einer der ersten Sterne, die am deutschen Frauenfußball-Himmel aufgingen. In 104 Länderspielen schoss die Stürmerin sagenhafte 83 Tore und war auch in der gerade gegründeten Bundesliga zuständig für Treffer am lau-fenden Band: In den ersten fünf Spielzeiten wurde sie fünfmal in Folge Torschützenkö-nigin mit insgesamt 136 Toren und hält mit sieben auf einen Streich den Torrekord für ein Bundesligaspiel. 1999 wurde sie zu »Europas Fußballerin des Jahrhunderts« gewählt.

Die »Tor-Bienen« schwärmen aus: Die Saison 2005/06 war eine Superlative in Sachen Tore – 623 fielen, so viele wie in keiner Spiel-zeit davor oder danach. Meister Turbine Potsdam traf sagenhafte 115-mal ins Schwarze. Conny Pohlers (Foto) wurde mit 36 Toren Bienenkönigin, aber auch Petra Wim-bersky (20) und Anja Mittag (15) sammel-ten ordentlich Honig für Turbine.

Beste Torschützinnen der eingleisigen Bundesliga
(seit 1997)

Spielerin	Tore	Torschützenkönigin	Meiste Spiele für
1. Inka Grings	314	1999, 2000, 2003, 2008–2010	FCR Duisburg
2. Conny Pohlers	276	2002, 2006, 2011	Turbine Potsdam
3. Birgit Prinz	267	1997, 1998, 2001, 2007	FFC Frankfurt

Meiste Einsätze der eingleisigen Bundesliga
(seit 1997)

Spielerin	Tore	Verein	Zeitraum
1. Kerstin Garefrekes	355	1. FFC Frankfurt	1998–2016
2. Saskia Bartusiak	317	1. FFC Frankfurt	seit 1998
3. Martina Müller	311	VfL Wolfsburg	1999–2015

Meisterschaftsdrama: Am 8. Juni 2014 kam es zu einem echten Endspiel um den Bundesligatitel. Der VfL Wolfsburg empfing den bis dahin ungeschlagenen Tabellenführer 1. FFC Frankfurt – und brauchte unbedingt einen Sieg, um dem Rekordmeister den Titel noch vor der Nase wegzuschnappen. Nach der frühen Führung für die Wölfinnen glich der FFC spät aus. Es schien alles aus zu sein, bis Alexandra Popp (M.) Sekunden vor dem Schlusspfiff das 2:1 schoss und die Titelverteidigung klarmachte.

Mehr als eine Prinzessin: Birgit Prinz war über zwei Jahrzehnte die Königin des deutschen Fußballs. Die achtfache deutsche und dreifache Weltfußballerin gewann mit dem FSV Frankfurt und 1. FFC Frankfurt neun Meisterschaften und zehnmal den Pokal. Die erfolgreichste Fußballerin Deutschlands, wenn nicht der gesamten Frauenfußballwelt, schoss 128 Tore in 214 Länderspielen und wurde fünfmal Europa- sowie zweimal Weltmeisterin.

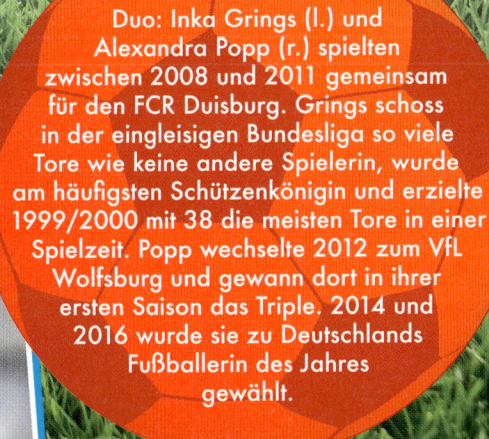

Ein formidables Duo: Inka Grings (l.) und Alexandra Popp (r.) spielten zwischen 2008 und 2011 gemeinsam für den FCR Duisburg. Grings schoss in der eingleisigen Bundesliga so viele Tore wie keine andere Spielerin, wurde am häufigsten Schützenkönigin und erzielte 1999/2000 mit 38 die meisten Tore in einer Spielzeit. Popp wechselte 2012 zum VfL Wolfsburg und gewann dort in ihrer ersten Saison das Triple. 2014 und 2016 wurde sie zu Deutschlands Fußballerin des Jahres gewählt.

Meistertrainer

Vom Taktikfuchs bis zum Motivator, vom Kumpel bis zum Schleifer, vom Schweiger bis zum Grantler – alle nur erdenklichen Trainertypen haben in der Bundesliga Erfolg gehabt. Oder eben nicht, denn ein einfaches Erfolgsrezept gibt es nicht. Eins eint sicherlich alle Meistertrainer: Sie waren und sind allesamt fußballverrückt bis in die Haarspitzen.

König Otto: Nachdem Otto Rehhagel 1978 mit der Borussia aus Dortmund von jener aus Mönchengladbach mit 12:0 verprügelt worden war, taufte man ihn spöttisch »Torhagel«. Zwischen 1981 und 1995 wurde er bei Werder Bremen zum Kulttrainer und »König Otto« von der Weser: 1988 klebte er eine Marke auf die Meisterschale, 1993 kam sie, mit etwas Verspätung, zurück. Sein größter Coup war freilich der Europameistertitel mit Griechenland 2004, als er als »Rehakles« in den Fußballolymp einzog.

Fohlen-Vater und Geißbock-Bändiger: Versonnen, ja ein wenig verliebt schaut Hennes Weisweiler in den DFB-Pokal, den Heinz Flohe wohlfeil darbietet, und hat selbst die Meisterschale fest im Griff. 1948 wurde er erstmals Trainer des 1. FC Köln, 1980 endete sein drittes und letztes Engagement bei den Domstädtern, seine größten Erfolge feierte er jedoch zwischen 1964 und 1975 mit der legendären Fohlen-Elf von Borussia Mönchengladbach.

Der Alleinunterhalter: Zwischen 1965 und 1970 gehörte Udo Lattek zum Trainer-Stab des DFB, dann wurde er, ohne jede Erfahrung als Cheftrainer, auf Fürsprache Franz Beckenbauers Übungsleiter beim FC Bayern, den er bald in eine neue Dimension des Erfolgs führte. Zwei Titel-Hattricks mit den Roten und ein Doppelschlag mit Borussia Mönchengladbach machten den wortgewaltigen Großmeister des offenen Wortes zum erfolgreichsten Trainer der Bundesligahistorie.

General und Gentleman: Trenchcoat-Fanatiker Ottmar Hitzfeld war die Seriosität in Person. Stets saßen nicht nur Anzug und Krawatte perfekt, sondern auch alle Statements. Mit Borussia Dortmund sorgte er mächtig für Furore, nicht nur in der Bundesliga, sondern auch in der Champions League, mit Bayern München sammelte er Titel um Titel, darunter fünf in der obersten deutschen Spielklasse.

Der Dreifaltige: Manuel Neuer nimmt seinen Erfolgstrainer auf den Arm und huckepack. Das Beste bewahrte sich Jupp Heynckes bis zum Schluss auf. Zwar hatte er als Trainer schon sowohl die Meisterschaft, den Pokal als auch die Champions League gewonnen, doch 2013 holte er alle drei Titel in ein und derselben Saison. Er ist damit der einzige deutsche Trainer, der das Triple errungen hat.

Mehr als nur einmal Meister

1.	Udo Lattek	8	1972, 1973, 1974, 1976, 1977, 1985, 1986, 1987
2.	Ottmar Hitzfeld	7	1995, 1996, 1999, 2000, 2001, 2003, 2008
3.	Hennes Weisweiler	4	1970, 1971, 1975, 1978
4.	Jupp Heynckes	3	1989, 1990, 2013
	Pep Guardiola	3	2014, 2015, 2016
	Felix Magath	3	2005, 2006, 2009
	Otto Rehhagel	3	1988, 1993, 1998
8.	Pál Csernai	2	1980, 1981
	Ernst Happel	2	1982, 1983
	Jürgen Klopp	2	2011, 2012
	Max Merkel	2	1966, 1968
	Branko Zebec	2	1969, 1979

Der Folterknecht: Gefürchtet war Felix Magath nicht zuletzt wegen seiner Vorliebe für Medizinbälle. Seine Trainingsmethoden brachten ihm den zweifelhaften Ehrennamen »Quälix« ein, er verschliss mehr Spieler als jeder Bundesligatrainer zuvor, doch mitunter gab ihm der Erfolg recht: 2009 machte er den VfL Wolfsburg zum Sensationsmeister, nachdem er den Kader der Niedersachsen fast komplett ausgetauscht hatte.

Der Rätselhafte: Akribisch bereitete sich Pep Guardiola auf seinen Trainerjob vor, lernte sogar schon während seines Sabbatjahrs in New York Deutsch. 2009 hatte er mit dem FC Barcelona das Triple gewonnen, 2013 übernahm er Triple-Sieger Bayern München. Trotzdem langte es in drei Spielzeiten »nur« zu drei Meisterschaften und zwei Doubles. Stets blieb der Taktikbesessene unnahbar und wurde immer rätselhafter – und doch brach er Rekord um Rekord und verließ den Serienmeister als einer der erfolgreichsten Trainer der Klubgeschichte.

Legendäre Trainer –
schräge Vögel an der Seitenlinie

Die Seitenlinie hoch und runter, immer im grellen Rampenlicht, von Reportern bedrängt, von den Fans heute vergöttert und morgen verteufelt, von Managern und Präsidenten ebenso schnell gefeiert wie gefeuert – Trainer haben es nicht leicht. Jeder von ihnen muss einen eigenen Weg finden, mit dem alltäglichen Wahnsinn umzugehen – schließlich würde man sonst wohlmöglich verrückt. Ein Blick ins Kuriositätenkabinett …

Um die Welt in 60 Trainerjahren: Rudi Gutendorf trainierte zwischen 1946 und 2003 nicht nur die Nationalmannschaften von Bermuda, Grenada und Botswana, Neukaledonien, Nepal und Tonga, Tansania, Fidschi und Simbabwe, Mauritius, Ruanda und Samoa, sondern auch ein halbes Dutzend Bundesligisten. Nirgendwo hielt es ihn so lange wie auf Schalke, wo er zwischen 1968 und 1970 vor allem für Furore im Pokal und Europapokal sorgte.

Dettmar Cramer war, mit verbürgten 1,61 Metern, mutmaßlich deutlich kleiner als Napoleon, der nach neuesten Berechnungen führender Historiker 1,69 Meter groß und damit für seine Zeit gar nicht so klein war. Dem Fußball-Professor war gut nicht gut genug: In der Bundesliga verpasste er mit Bayern München zwar die Meisterschaft, gewann 1975 und 1976 aber den Europapokal der Landesmeister.

Zlatko Čajkovski, 1,64 Meter groß (und damit drei Zentimeter größer als Dettmar Cramer), war ligaweit ausschließlich als »Tschik« Čajkovski bekannt, was nichts anderes bedeutet als »Stummel«. 1962 wurde der Spaßvogel mit dem 1. FC Köln Meister, 1963 Vizemeister, wechselte dann zum Regionalligisten FC Bayern München, den er 1965 in die Bundesliga und 1967 zum Triumph im Europapokal der Pokalsieger führte. Seinen Mittelstürmer taufte er »kleines dickes Müller« und war auch sonst um keinen Spruch verlegen.

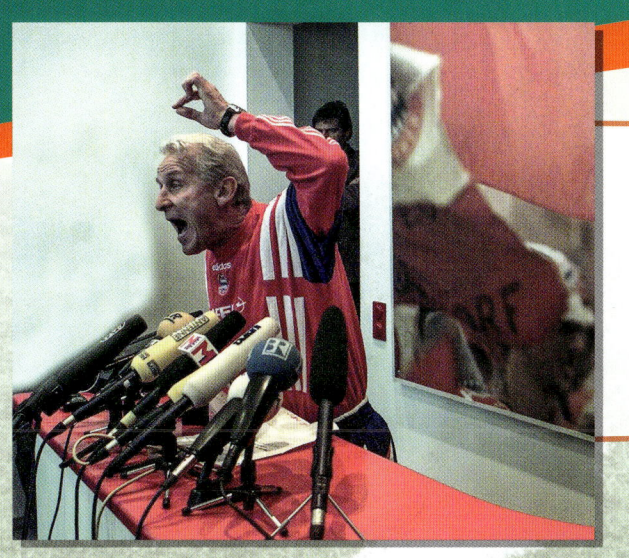

10. März 1998: Giovanni Trapattoni trägt sich in die deutschen Fußballgeschichtsbücher ein. Zwei Tage nachdem seine Bayern 0:1 gegen Schalke 04 verloren haben, verliert der Maestro die Contenance und holt zum verbalen Rundumschlag gegen die eigenen Spieler aus. Satzfetzen wie »Was erlauben Strunz?«, »Ware schwach wie eine Flasche leer!« und »Ich habe fertig!« fanden prompt Eingang in den deutschen Sprachschatz.

Beste Frisur, beste Sonnenbrille, bester Schnäuzer, beste Zigarillo, beste Krawatte, bester Anzug – Stilikone Dragoslav Stepanović war der Konkurrenz in praktisch allen Kategorien haushoch überlegen. 1991/92 ließ er Eintracht Frankfurt traumhaften Fußball spielen, verlor die Meisterschaft in einem an Dramatik nicht zu überbietenden Saisonfinale und kommentierte in perfektem Serbo-Hessisch: »Lebbe geht weider!«

Wer hat Angst vorm bösen Wolf? Ob Spieler, Trainer, Funktionär, Schiedsrichter oder Journalist – niemand war und ist vor Jürgen Klopp sicher. Während seiner Dortmunder Regentschaft, die dem BVB die Meistertitel 2011 und 2012 bescherte, aber auch von vergebenen Chancen geprägt war, wurde »Kloppo« immer mehr zum Freund des offenen Wortes und des grimmigen Blicks – schön geht anders …

Dauerbrenner

Schnellzünder, die nach nur einer Spielzeit ihr Pulver verschossen hatten, gab es viele, echte Dauerbrenner sind dagegen rar. 65 Spieler brachten es seit Gründung der Bundesliga auf mindestens 400 Einsätze, nur elf überwanden die magische Grenze von 500 Bundesligaspielen und nur ein einziger machte auch die 600 voll.

Derby-Dauerbrenner: Klaus »Tanne« Fichtel (l.) lief zwischen 1965 und 1988 477-mal für Schalke 04 auf, Mirko Votava spielte von 1974 bis 1982 264-mal für Borussia Dortmund. Die beiden Haudegen, die zusammen auf fast 1100 Einsätze in der höchsten Spielklasse kommen, sind zudem die beiden ältesten Feldspieler der Bundesligageschichte. Votava stand mit 40 Jahren und 226 Tagen letztmals auf dem Rasen, der die Welt bedeutet, Fichtel ist mit 43 Jahren und 184 Tagen einsamer Spitzenreiter.

Vereinstreue Dauerbrenner unter sich: Karl-Heinz Körbel (r.) begrüßt Michael »Ata« Lameck (l.) vom VfL Bochum. Der Frankfurter Vorstopper gehörte nicht nur zu den ausdauerndsten, sondern auch zu den fairsten Bundesligaspielern: Nicht ein einziges Mal sah der »treue Charly« die Rote Karte. Ein gelber Karton verhinderte 1991 allerdings seinen gebührenden Abschied im Frankfurter Waldstadion. Er fehlte gelbgesperrt in der Partie gegen den VfB Stuttgart, die eigentlich sein Bundesligaspiel Nummer 603 hätte werden sollen.

Spieler mit mehr als 500 Bundesligaspielen

	Spieler	Spiele	Vereine	Zeitraum
1.	Karl-Heinz Körbel	602	Eintracht Frankfurt	1972–1991
2.	Manfred Kaltz	581	Hamburger SV	1971–1991
3.	Oliver Kahn	557	FC Bayern München/Karlsruher SC	1987–2008
4.	Klaus Fichtel	552	FC Schalke 04/Werder Bremen	1965–1988
5.	Miroslav Votava	546	Werder Bremen/Borussia Dortmund	1976–1996
6.	Klaus Fischer	535	FC Schalke 04/1. FC Köln/VfL Bochum TSV 1860 München	1968–1988
7.	Eike Immel	534	VfB Stuttgart/Borussia Dortmund	1978–1995
8.	Willi Neuberger	520	Eintracht Frankfurt/Borussia Dortmund/ Werder Bremen/Wuppertaler SV	1966–1983
9.	Michael Lameck	518	VfL Bochum	1972–1988
10.	Uli Stein	512	Hamburger SV/Eintracht Frankfurt/ Arminia Bielefeld	1978–1997
11.	Stefan Reuter	502	Borussia Dortmund/1. FC Nürnberg/ FC Bayern München	1985–2004

Am 14. August 1965 stand Sepp Maier erstmals für den FC Bayern in der Bundesliga zwischen den Pfosten, als der Aufsteiger das Duell gegen den Lokalrivalen TSV 1860 mit 0:1 verlor. Am 9. Juni 1979 machte der Welt- und Europameister, dreifache Europapokalsieger der Landesmeister und vierfache deutsche Meister sein letztes Spiel – einen Monat später beendete ein Autounfall seine Karriere jäh. Nur drei Spiele verpasste der Jahrhunderttorhüter in seiner Premierensaison, dann 13 Spielzeiten lang kein einziges Spiel. 442 Partien in Folge – ein wahrhaft ewiger Rekord.

Geht stramm auf die 400 zu: Stefan Kießling war in 395 Bundesligapartien ein ständiger Unruheherd vor dem gegnerischen Kasten. 144 Tore und 63 Vorlagen stehen für den Mittelstürmer zu Buche.

Gonzalo Castro (*11. Juni 1987) ist der jüngste unter den aktiven Dauerbrennern. Sein 300. Bundesligaspiel absolvierte der Mittelfeldstratege im Januar 2016 in Mönchengladbach, als der BVB in einer hochklassigen und temporeichen Partie mit 3:1 die Oberhand behielt.

Der Benjamin unter den Routiniers: Timo Werner ist der jüngste Spieler im Klub der Hunderter. Am 25. September 2016 bestritt der Stürmer, der kurz zuvor vom VfB Stuttgart zu RB Leipzig gewechselt war, gegen den 1. FC Köln sein 100. Spiel in der Bundesliga – mit gerade einmal 20 Jahren und 203 Tagen. Er löste damit Julian Draxler ab, der mit 20 Jahren und 225 Tagen »dreistellig« geworden war und den Uraltrekord von Charly Körbel übertroffen hatte.

Aktive Bundesligaspieler mit den meisten Einsätzen

	Spieler	Spiele	Vereine	Seit
1.	Claudio Pizarro	430	FC Bayern München/Werder Bremen	1999
2.	Stefan Kießling	395	Bayer 04 Leverkusen/1. FC Nürnberg	2002
3.	Philipp Lahm	385	FC Bayern München/VfB Stuttgart	2002
4.	Roman Weidenfeller	353	Borussia Dortmund/1. FC Kaiserslautern	1999
5.	Halil Altıntop	351	FC Schalke 04/1. FC Kaiserslautern/ FC Augsburg/Eintracht Frankfurt	2003
6.	Manuel Neuer	343	FC Bayern München/FC Schalke 04	2006
7.	Gonzalo Castro	339	Bayer 04 Leverkusen/Borussia Dortmund	2005
8.	Clemens Fritz	331	Werder Bremen/Bayer 04 Leverkusen	2003
9.	Christian Gentner	321	VfB Stuttgart/VfL Wolfsburg	2005
10.	Naldo	317	Werder-Bremen/VfL Wolfsburg/ FC Schalke	2005

Fußballer des Jahres

Immer mehr Auszeichnungen werden am Ende des Kalenderjahres oder der Saison an herausragende Spieler vergeben. Eine Tradition, die in England am ältesten ist, wo Stanley Matthews 1948 erster Fußballer des Jahres war. In Deutschland wird der beste Spieler seit 1960 vom Verband Deutscher Sportjournalisten (VDS) gewählt und vom »Kicker« geehrt. Dabei ist es freilich nicht geblieben ...

Echte Straßenfußballer: Peter Ducke & Sohn. Als der VDS im Jahr 2000 mit einer Umfrage unter 2500 Sportjournalisten den deutschen »Fußballer des Jahrhunderts« ermittelte, wurde – wer sonst? – Kaiser Franz Beckenbauer noch einmal gekrönt. In den Top Ten landete ein ostdeutscher Spieler, nämlich der »Schwarze Peter« von Carl Zeiss Jena.

Hoch konzentriertes Trio: Nachdem die deutsche Nationalmannschaft zum Auftakt der Qualifikation zur EM 1972 in Köln nur 1:1 gegen die Türkei gespielt hat, lässt sie in Istanbul keine Zweifel aufkommen und gewinnt 3:0. Die Elf, die dann Europameister wurde, gilt als eine der besten Nationalmannschaften aller Zeiten. Günter Netzer, Franz Beckenbauer und Gerd Müller wurden zwischen 1966 und 1976 insgesamt achtmal zu Deutschlands Fußballer des Jahres gewählt.

Deutschlands Fußballer des Jahres
(mindestens zwei Auszeichnungen)

	Spieler	Titel	Jahre
1.	Franz Beckenbauer	4	1966, 1968, 1974, 1976
2.	Michael Ballack	3	2002, 2003, 2005
	Sepp Maier		1975, 1977, 1978
	Uwe Seeler		1960, 1964, 1970
5.	Thomas Häßler	2	1989, 1992
	Oliver Kahn		2000, 2001
	Jürgen Klinsmann		1988, 1994
	Lothar Matthäus		1990, 1999
	Gerd Müller		1967, 1969
	Günter Netzer		1972, 1973
	Manuel Neuer		2011, 2014
	Matthias Sammer		1995, 1996
	Toni Schumacher		1984, 1986
	Berti Vogts		1971, 1979

1988 war Jürgen Klinsmann als Spieler des VfB Stuttgart, 1994 in Diensten der AS Monaco Fußballer des Jahres geworden. Im nächsten Jahr wurde ihm der Titel schon wieder verliehen, allerdings in England, wo er die Herzen der Fans im Sturm erobert und 20 Tore geschossen hatte. Er ist damit der einzige deutsche Spieler, der sowohl zu Hause als auch »auswärts« Fußballer des Jahres wurde.

Spieler der Saison*

Saison	Spieler	Verein
2005/06	Miroslav Klose	Werder Bremen
2006/07	Diego	Werder Bremen
2007/08	Franck Ribéry	FC Bayern München
2008/09	Grafite	VfL Wolfsburg
2009/10	Arjen Robben	FC Bayern München
2010/11	Nuri Şahin	Borussia Dortmund
2011/12	Marco Reus	Borussia Mönchengladbach
2012/13	Robert Lewandowski	Borussia Dortmund
2013/14	Marco Reus	Borussia Dortmund
2014/15	Kevin De Bruyne	VfL Wolfsburg
2015/16	Pierre-Emerick Aubameyang	Borussia Dortmund

* Seit 2005/06 von der Vereinigung der Vertragsfußballspieler (VDV) gewählt

Seit 2005 vergibt der DFB an hoffnungsvolle Talente verschiedener Altersgruppen die Fritz-Walter-Medaille in Bronze, Silber und Gold. 2016 gewann Benjamin Henrichs (r.) von Bayer 04 Leverkusen Gold in der Altersstufe U19. Sein Vorgänger war Mannschaftskollege Jonathan Tah (l.), der den Stuttgarter Timo Werner (M.) 2015 auf Platz zwei verwies.

Nirgendwo wachsen Weltklassetorhüter so üppig auf den Bäumen wie in Deutschland (neben Manuel Neuer von oben links nach unten rechts: Toni Schumacher, Sepp Maier, Jens Lehmann, Bodo Illgner, Toni Turek, Oliver Kahn und Andreas Köpke). Seit 1991 wird der Weltfußballer des Jahres gekürt. Zwar hieß der erste Preisträger Lothar Matthäus, doch der kickte seinerzeit bei Inter Mailand. Noch nie kam der Weltfußballer aus der Bundesliga. Die beiden einzigen deutschen Bundesligaspieler, die sich überhaupt platzieren konnten, sind »Libero« Neuer (Dritter 2014) und »Titan« Kahn (Zweiter 2002).

Seit 2002 wählt der VDS auch den Fußballtrainer des Jahres. Alle bisherigen Preisträger waren Trainer der Nationalmannschaft (2), des Meisters (9) oder Vizemeisters (3). 2016 wurde jedoch Dirk Schuster (r.) gekürt, der mit Darmstadt 98 von der dritten in die erste Liga durchmarschiert war und die »Lilien« zum Klassenerhalt geführt hatte. Sein Fels in der Brandung: Innenverteidiger Aytaç Sulu (l.), der mit jedem Aufstieg über sich hinauswuchs.

Weiße Westen

Manchmal Fliegenfänger, meistens sicherer Rückhalt: Oliver Reck (Foto) musste 1987/88 in 32 Spielen nur 19-mal hinter sich greifen, behielt 18-mal die weiße Weste und reckte am Ende der Saison die Meisterschale in die Höhe. Nur Manuel Neuer sorgt seit der Spielzeit 2012/13 regelmäßig für noch mehr gegnerische Torarmut.

»Die Null muss stehen«, heißt das Credo von Huub Stevens. »Der Angriff gewinnt Spiele, die Abwehr Meisterschaften«, lautet eine Fußballweisheit von Jupp Heynckes. In solchen Planungen spielen Torhüter eine nicht unwesentliche Rolle. Ihr ganzer Stolz ist die weiße Weste, das makellose Spiel ohne Gegentor, das Kunststück, 90 Minuten plus Nachspielzeit nicht hinter sich greifen zu müssen.

Was für ein Start in die neue Saison: Sechs Tore und ein rassiges Unentschieden sahen die Zuschauer am 15. August 1970 in Braunschweig, als die Eintracht Schalke 04 empfing. Horst Wolter (r., im Duell mit Knappe Stan Libuda) stand zwischen 1961 und 1972 im Tor des Meisters von 1967. In 195 Partien für den BTSV blieb »Luffe« 75-mal ohne Gegentor – eine fantastische Quote, insbesondere wenn man bedenkt, dass er eigentlich Rechtsaußen war und zwischen die Pfosten nur deshalb ging, weil die Eintracht 1961 keinen tauglichen Torwart auftreiben konnte.

Weiße Westen
(der Torhüter mit mindestens 100 Bundesligaspielen)

	Torhüter	Meiste Spiele für	Weiße Westen/ Gesamtpartien	Quote
1.	Manuel Neuer	FC Bayern München	167/343	48,7 %
2.	Oliver Reck	Werder Bremen	177/471	37,6 %
3.	Raimond Aumann	FC Bayern München	81/216	37,5 %
4.	Oliver Kahn	FC Bayern München	204/557	36,6 %
5.	Jean-Marie Pfaff	FC Bayern München	57/156	36,5 %
6.	Gábor Király	Hertha BSC	72/198	36,4 %
7.	Horst Wolter	Eintracht Braunschweig	84/243	34,6 %
8.	Marc-André ter Stegen	Borussia Mönchengladbach	36/108	33,3 %
9.	Jens Lehmann	FC Schalke 04	131/394	33,3 %
10.	Timo Hildebrand	VfB Stuttgart	100/301	33,2 %

Weiße Westen absolut

Torhüter	Meiste Spiele für	Weiße Westen
1. Oliver Kahn	FC Bayern München	204
2. Oliver Reck	Werder Bremen	177
3. Manuel Neuer	FC Bayern München	167
4. Eike Immel	VfB Stuttgart	148
5. Ulrich Stein	Hamburger SV	146
6. Sepp Maier	FC Bayern München	139
7. Jens Lehmann	FC Schalke 04	131
8. Richard Golz	Hamburger SV	123
9. Frank Rost	Hamburger SV	121
10. Norbert Nigbur	FC Schalke 04	120

Flieger, grüß mir die Sonne: In einer tempo-reichen und intensiven Partie verdiente sich Bernd Leno mit zahlreichen Glanztaten abso-lute Bestnoten. Der beste Mann konnte aber nicht verhindern, dass Bayer 04 Leverkusen der Borussia aus Mönchengladbach mit 1:2 unterlag. In knapp einem Drittel seiner Bundesligapartien musste der Keeper dage-gen überhaupt nicht hinter sich greifen.

Nicht nur ein Meister der weißen Weste, sondern auch der erste Bundesliga-torhüter, der aus dem Spiel ins gegnerische Tor traf: Im vorweihnachtlichen Revier-derby am 19. Dezember 1997 in Dortmund steht es nach 90 Minuten 2:1 für den BVB, als Thomas Linke eine Ecke an den langen Pfosten verlängert, Jens Lehmann aus nächster Nä-he einköpft und Olaf Thon als erster Gratulant zur Stelle ist.

21. Februar 2015: Die vierte Minute der Nachspielzeit läuft in der Partie FC Augsburg gegen Bayer 04 Leverkusen und Marwin Hitz hält nichts mehr im eigenen Kasten. Shawn Parker gibt eine allerletzte Flanke in den Strafraum, die Kugel flippert hin und her, landet beim Augs-burger Keeper, der zum 2:2 abstaubt und den Wahnsinn perfekt macht. Der Schweizer ist nicht nur erst der dritte Torwart nach Jens Lehmann und Frank Rost, der aus dem Spiel trifft, sondern, fast unbemerkt, auch einer der fleißigsten Samm-ler von weißen Westen in der Bundesliga.

Der Überflieger: Manuel Neuer hat die mit Abstand beste Quote bei den weißen Westen – fast in der Hälfte seiner Ligaspiele stand auch am Ende die Null. Es ist nur eine Frage der Zeit, wann er auch nach absoluten Zahlen die Spitze von Titan Oliver Kahn übernehmen wird. Freilich hat er einen gewissen Vorteil gegenüber der Konkurrenz, nämlich vor sich die vielleicht beste Abwehrreihe der Bundesligahistorie.

Fliegenfänger

Peinliche Patzer von Feldspielern bleiben oft ohne Folgen. Torhüter sind dagegen die ärmsten Schweine: Ein Griff daneben und das Ding ist drin. Die tollkühnen Männer zwischen den Pfosten werden zu Titanen hochgejubelt oder als Fliegenfänger verspottet – dabei handelt es sich zumeist um ein und dieselben Spieler. Ein Blick in die Abgründe des Torwartdaseins …

Pannen-Olli in Aktion: Wynton Rufer, Rune Bratseth, Uli Borowka, Thomas Schaaf und Günter Hermann (v.l.) sind entsetzt. Ein Kopfball von Bayerns Mazinho (M.) trifft den Pfosten, von wo das Leder präzise an Oliver Recks Stirn prallt und dann ohne weitere Umwege in die Maschen trudelt. Am Ende lachten trotzdem die Grün-Weißen: Werder gewann die turbulente Partie am 30. November 1991 mit 4:3.

Er hat ihn, er hat ihn nicht, er hat ihn, er hat ihn nicht, er hat ihn … nein, er hat ihn nicht: Oliver Baumann (r.) im falschesten Torwartfilm seit Erfindung des Lederballs. An einem rabenschwarzen Tag im Oktober 2013 greift er nicht einmal, nicht zweimal, sondern gleich dreimal grob daneben. Dieses war der zweite Streich: Knapp außerhalb des Sechzehners zögert er, den Ball aufzunehmen, dann flutscht ihm das Spielgerät durch die Pranken, Pierre-Michel Lasogga (l.) sagt Danke und schiebt unbehelligt ein.

Einer der Top-Flops der Ligageschichte: Nachdem Skandalnudel Uli Stein Bayern-Stürmer Jürgen »Kobra« Wegmann mit einem Faust-, will sagen »Steinschlag« zu Boden geschickt hatte, musste er den Kasten des HSV räumen. Als Nachfolger verpflichteten die Hanseaten die jugoslawische Torwarthoffnung Mladen Pralija, der sich jedoch schon am ersten Spieltag mit Pleiten, Pech und Pannen sowie sechs Gegentoren bis auf die Knochen blamierte. Nach schlechtem Anfang ließ er stark nach und suchte in der Winterpause das Weite – nach 30 Gegentoren in 14 Ligaspielen.

Am Boden zerstört: Marc-André ter Stegen erlebt ein Déjà-vu. Im Juni 2013 hatte er im Länderspiel gegen die USA einen Rückpass von der Seite eigenfüßig in den Maschen untergebracht. Neun Monate später, am 1. März 2014, passierte dem Gladbacher Keeper gegen Eintracht Braunschweig das Gleiche schon wieder: Als er versucht, den maßgeschneiderten Rückpass von Filip Daems anzunehmen, hoppelt ihm das Leder über den Fuß und ist drin. Hätte, hätte, Viererkette: Wäre er weggeblieben, dann wäre der Ball im Toraus gelandet.

Was habe ich nur getan? An jenem verhängnisvollen Tag im April 2002 bittet Tomislav Piplica den Fußballgott, der Boden möge sich auftun und ihn verschlucken. 3:2 führte Energie Cottbus fünf Minuten vor dem Schlusspfiff, als der Gladbacher Marcel Witeczek eine völlig harmlose Bogenlampe in Richtung des Energie-Kastens schickte. Doch anstatt den Ball ganz einfach mit den Handschuhen zu pflücken, erstarrte der bosnische Keeper, das Leder prallte auf seinen Hinterkopf und ins Tor – eines der unglaublichsten Eigentore aller Zeiten und der 3:3-Endstand.

Super Einstand! Am 21. August 1982, dem ersten Spieltag der neuen Saison, gab Jean-Marie Pfaff sein Debüt zwischen den Pfosten des FC Bayern. Der Belgier, fraglos einer der besten Keeper seiner Zeit und mit 28 Jahren im besten Alter, wachte gegen Werder Bremen in einem Albtraum auf: Er lenkte einen weiten Einwurf von Uwe Reinders mit den Fingerspitzen ins eigene Tor – und war bis auf Weiteres der größte Tor der Liga.

Eisenfüße

Der »Terrier«: Urfohlen Berti Vogts war beileibe kein Eisenfuß, stammte aber aus der nah verwandten Verteidigergattung der Wadenbeißer. Nimmermüde verfolgte er seine Gegenspieler noch in die entlegensten Winkel des Fußballuniversums (hier Charly Dörfel vom HSV), war ein stets fairer Sportsmann und sah zwischen 1965 und 1979 kein einziges Mal Rot.

»Kein Mensch, kein Tier – die Nummer vier«, dichtete der Volksmund einst über kompromisslos harte Verteidiger. Eisenfüße waren früher die Regel, heute sind sie zur Ausnahme geworden. Seitdem Grätschen deutlich strenger geahndet werden, sind die harten Hunde vom Aussterben bedroht – wer heute nicht nur den Ball, sondern auch die Beine abräumt, steht nicht lange auf dem Platz. Eine Gedenkminute für die Zeit, als Fußball noch ein »Männersport« war ... Autsch!

Die »Axt«: Uli Borowka spart kurzerhand den Zimmermann und fliegt herzhaft in das Gebein von Andreas Buck. Nicht zuletzt, weil er die Kunst des Begrüßungsfouls meisterlich beherrschte, gehört der Gladbacher und Werderaner zu den unangenehmsten Eisenfüßen der Bundesligahistorie. 1984 begrüßte er Ligadebütant Olaf Thon mit den unvergessenen Worten: »Ich brech dir gleich beide Beine!«

Das Original: Horst-Dieter Höttges, genannt »Eisenfuß«, schließt die Augen und steigt hart gegen Jürgen Glowacz vom 1. FC Köln ein. Der gebürtige Gladbacher spielte von 1964 bis 1978 an der Weser, rührte »Bremer Beton« an, als Werder 1965 Meister wurde, und bekam seinen Ehrentitel von Günter Netzer verliehen, weil er weder sich noch seine Gegenspieler schonte.

Der »Kokser«: Jürgen Kohler, einer der begnadetsten harten Hunde der Weltfußballgeschichte, stammt aus der berühmt-berüchtigten Waldhof-Schule, die reihenweise legendäre Eisenfüße – von den Förster-Brüdern über »Eisen-Dieter« Schlindwein, Paul Steiner und Roland Dickgießer bis hin zu Christian Wörns – hervorgebracht hat. Seine Karriere beendete Kohler standesgemäß: In seinem letzten Spiel, dem Endspiel des UEFA-Cups 2002 gegen Feyenoord Rotterdam, sah er nach seiner allerletzten Grätsche Rot.

Der »Eisen-Emir«: Schon glaubte man die Eisenfüße ausgestorben, als Emir Spahić, seines Zeichens Spezialist für Suspendierungen, Tätlichkeiten und längerfristige Sperren, in der Bundesliga aufschlug. Nicht weil er Nico Schulz von Hertha BSC in solch vollendeter Manier über die Klinge springen ließ, sondern wegen einer wilden Prügelei mit den eigenen Stadionordnern kündigte ihm Bayer 04 Leverkusen 2015 fristlos.

Der »Treter mit dem Engelsgesicht«: Karlheinz Förster grätschte stets kompromisslos, aber fair – auch wenn Rudi Völler das in der Hitze des Gefechts anders gesehen haben mag. Mit einer Weltklasseleistung hielt der Stuttgarter Verteidiger am 34. Spieltag den Sieg gegen Tabellenführer Werder Bremen fest und verhalf damit Bayern München 1986 zur Last-Minute-Meisterschaft.

Die Linie rauf und runter – Außenverteidiger

Seitenaus-Kreide fressen, die Linie von ganz hinten bis ganze vorne beackern – das ist das Anforderungsprofil der Außenverteidiger, je-ner ebenso seltenen wie national und interna-tional gesuchten Fußballerspezies. Sie sind im Idealfall defensiv und offensiv, technisch und kämpferisch gleichermaßen stark, haben hin-ten die gegnerischen Außenstürmer im Griff und sind vorne sofort wieder dabei, um die Flügel doppelt zu besetzen und Überzahlsitu-ationen zu schaffen.

Links: Rechtsverteidiger Manfred Kaltz – fast zwei Jahr-zehnte pflügte er für den Hamburger SV die Seitenlinie um, fütterte zwischen 1978 und 1983 Horst Hrubesch mit seinen berüchtigten Bananenflanken und verwandelte die meisten Strafstöße. Rechts: Linksverteidiger Paul Breitner, der in jungen Jahren Seitenlinien-Kreide fraß, auf die al-ten Tage aber ins Zentrum wechselte und ebenfalls keine Angst vor dem Gang zum Punkt hatte.

Torgefährlichste Abwehrspieler

	Spieler	Meiste Spiele für	Tore
1.	Bernard Dietz	MSV Duisburg	78
2.	Manfred Kaltz	Hamburger SV	76
3.	Reinhold Wosab	Borussia Dortmund	69
	Arnold Schütz	SV Werder Bremen	69
5.	Wilhelm Huberts	Eintracht Frankfurt	67
	Holger Fach	Fortuna Düsseldorf	67

Gelb-schwarzes Außenbahn-Kompetenzteam: Łukasz Piszczek, Marcel Schmelzer und Matthias Ginter (v. l.). Der angriffslusti-ge Tempofußball, den sowohl Jürgen Klopp (2008 bis 2015) als auch Thomas Tuchel (2015 bis 2017) beim BVB spielen ließen, ist nur mit erstklassigen Außenverteidigern möglich. Mit Europa-meister Raphaël Guerreiro, Weltmeister Erik Durm und Supertal-ent Felix Passlack haben die Borussen drei weitere erstklassige Optionen für die beiden Außenpositionen in petto.

Die Kronprinzen: Joshua Kimmich ging 2015 als Azubi zum großen FC Bayern und spielte sofort meisterhaft. Spätstarter Jonas Hector kickte noch mit 20 Jahren für den saarländischen SV Auersmacher in der Oberliga und zündete auch in Köln nicht sofort, dann aber umso explosiver. Längst sind »Schlaubi« Hector und Einser-Abiturient Kimmich auch aus der Nationalelf kaum noch wegzudenken.

Eiskalt vom Elfmeterpunkt

	Spieler	Partien	Meiste Spiele für	Verwandelte Elfmeter/ Versuche
1.	Manfred Kaltz	581	Hamburger SV	53/60
2.	Gerd Müller	427	FC Bayern München	51/63
3.	Michael Zorc	463	Borussia Dortmund	49/57
4.	Horst-Dieter Höttges	420	Werder Bremen	40/48
5.	Georg Volkert	410	Hamburger SV	31/35
6.	Paul Breitner	285	FC Bayern München	31/37
7.	Wilfried Hannes	309	Borussia Mönchengladbach	31/38
8.	Lothar Matthäus	464	FC Bayern München	30/33
9.	Stefan Kuntz	449	1. FC Kaiserslautern	30/35
10.	Günter Netzer	230	Borussia Mönchengladbach	29/35

Vielleicht die beiden besten Außenverteidiger, ganz bestimmt aber das beste Außenverteidiger-Duo des Globus: Philipp Lahm (r.) war gerade einmal elf Jahre alt, als er zu den Bayern ging, David Alaba gerade 16 geworden, als er von Austria Wien an die Isar wechselte. Beide sind extrem vielseitig: Lahm war in der Jugend Außenstürmer und spielte unter Pep Guardiola im Zentrum, Alaba ist ein ebenso fulminanter Innenverteidiger wie Spielmacher.

Das Surfbrett fest unter den Arm geklemmt: Bixente Lizarazu aus dem französischen Baskenland war nicht nur ein unglaublich kraftvoller und antrittsschneller Linksverteidiger, sondern auch ein brillanter Surfer. Zwischen November 2001 und Mai 2002 hielt er so viele Titel wie kein anderer Fußballer vor oder nach ihm: Er war zeitgleich Welt- und Europameister sowie Confed-Cup-Sieger mit Frankreich, Weltpokal- und Champions-League-Gewinner sowie deutscher Meister mit dem FC Bayern.

Strategen

Die großen Strategen reißen das Spiel wie gigantische Magneten an sich. Sie besetzen die sprichwörtliche Schaltzentrale und sind der verlängerte Arm des Trainers auf dem Rasen. Sie sind die Leitwölfe, dem der Rest des Rudels bedingungslos folgt. Und aus der folgenden Auswahl könnte man ableiten: Alle Strategen landen früher oder später einmal bei Bayern München.

Der Tiger: Stefan Effenberg empfiehlt seinen Gegenspielern eindrucksvoll, sich besser nicht mit ihm anzulegen. »Effe« war weniger filigraner Spielgestalter denn energischer Leitwolf, der im Vorwärts- wie im Rückwärtsgang aggressiv Druck auf den Gegner ausübte. Der dreifache Meister ist mit 114 Gelben Karten Rekordhalter der Bundesliga in Sachen Verwarnungen.

Der Unnahbare ganz volksnah: Matthias Sammer kam nach einem Intermezzo bei Inter Mailand 1993 nach Dortmund und prägte dort eine Ära. Zu Beginn noch Stratege im Mittelfeld, steuerte er das Spiel der Borussen später als Libero. Zwischen 1995 und 1997 trug niemand das Spiel schneller, präziser und ideenreicher vor als der zweifache Fußballer des Jahres, zweifache deutsche Meister, Fußballer Europas 1996 und Champions-League-Sieger 1997.

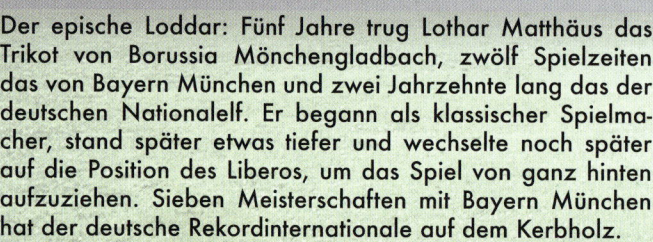

Der epische Loddar: Fünf Jahre trug Lothar Matthäus das Trikot von Borussia Mönchengladbach, zwölf Spielzeiten das von Bayern München und zwei Jahrzehnte lang das der deutschen Nationalelf. Er begann als klassischer Spielmacher, stand später etwas tiefer und wechselte noch später auf die Position des Liberos, um das Spiel von ganz hinten aufzuziehen. Sieben Meisterschaften mit Bayern München hat der deutsche Rekordinternationale auf dem Kerbholz.

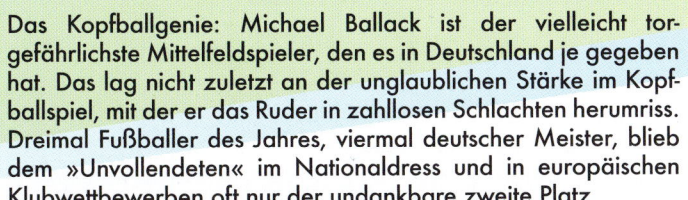

Das Kopfballgenie: Michael Ballack ist der vielleicht tor-gefährlichste Mittelfeldspieler, den es in Deutschland je gegeben hat. Das lag nicht zuletzt an der unglaublichen Stärke im Kopf-ballspiel, mit der er das Ruder in zahllosen Schlachten herumriss. Dreimal Fußballer des Jahres, viermal deutscher Meister, blieb dem »Unvollendeten« im Nationaldress und in europäischen Klubwettbewerben oft nur der undankbare zweite Platz.

Das Uhrwerk: Toni Kroos gibt das Tempo und den Rhythmus vor wie kein Zweiter und verteilt die Bäl-le mit beängstigender Präzision. Mit Bayern Mün-chen gewann der zugleich sachlichste und künstle-risch wertvollste Stratege mindestens der jüngeren deutschen Fußballgeschichte 2008 und 2014 das Double, 2013 sogar das Triple. 2016 und 2017 triumphierte er mit den »Königlichen« aus Madrid erneut in der Königsklasse und ist damit der erste Deutsche überhaupt, der den höchsten europäi-schen Vereinstitel mit zwei Vereinen errungen hat.

Der Rekordmeister: Mit acht deutschen Meis-terschaften zwischen 2003 und 2015 führt Bastian Schweinsteiger die nationale Rangliste an. Zunächst im linken Mittelfeld zu Hause, wechselte er vor der Weltmeisterschaft 2010 in die Schaltzentrale sowohl der Bayern als auch der Nationalmannschaft – und drehte jetzt erst so richtig auf: 2013 gewann der Münchner in seinem dritten Endspiel die Königsklasse, 2014 im dritten Anlauf die Weltmeisterschaft.

Spielmacher

Ballstreichler, Offensivmagier, Kreativgötter – die eigentlichen Stars des Fußballs sind stets die genialen 10er, die überlebensgroßen Spielmacher gewesen. Während Mittelstürmer das Ding zur Not mit roher Gewalt reinmachen, verblüffen die Edeltechniker mit ihrem Ballgefühl und Spielwitz die Massen. Sie sorgen für die brasilianischen Momente, die Überwindung des Zufalls, das Leuchten in den Gesichtern und die Ahs und Ohs aus Tausenden von Kehlen.

Der Dirigent zeigt dem Orchester an: Achtung, gleicht geht's los! Es hätte für Andreas Herzog nach seinem Wechsel zu Werder Bremen kaum besser laufen können. Auf Anhieb eroberte das »Herzerl« mit Wiener-Kaffeehaus-Fußball die Herzen der Nordlichter und wurde 1993 deutscher Meister. Nach einem kurzen Abstecher zu den Bayern kehrte er reumütig zurück und führte insgesamt neun Spielzeiten an der Weser den Taktstock.

Overath: »Günter, ich war neulich im Kölner Dom. Da hat der liebe Fußballgott zu mir gesprochen: ›Wolfgang, du bist der beste Spielmacher der Bundesliga!‹« Netzer: »Wie bitte? Was soll ich gesagt haben?« Schiedsrichter Gerhard Schulenberg findet's lustig und entscheidet: »1:0 für Gladbach!« Trotzdem gewinnen die Geißböcke das Derby in Müngersdorf am 27. März 1971 mit 3:2.

Überlebensgroß: Seit 1984 spielte Thomas Häßler für den 1. FC Köln, unter Christoph Daum sogar um den Titel. Trotzdem wechselte »Icke« 1990 zu Juventus Turin, wo der ebenso trickreiche wie schussstarke Spielmacher allerdings nicht glücklich wurde. Und auch der FC mit den 15 Mio. DM Ablöse nicht, die spurlos versickerten. Noch heute werden in der Domstadt Expeditionen ausgerüstet, die sich auf die Suche nach den sprichwörtlich gewordenen »Häßler-Millionen« machen.

Krassimir Balakow, der Spielmacher der »Goldenen Generation« Bulgariens, die bei der Weltmeisterschaft 1994 groß auftrumpfte, verzückte zwischen 1995 und 2003 die Anhänger des VfB Stuttgart – anfangs im »Magischen Dreieck« mit Fredi Bobic und Giovane Élber, am Ende mit den »Jungen Wilden« um Kevin Kurányi und Aljaksandr Hleb –, gab zwischendurch aber auch immer wieder die launische Diva.

Während seiner ersten Regentschaft sowohl in der Hamburger High Society als auch im Volksparkstadion wurde Rafael van der Vaart mit Hackentoren, Kabinettstückchen und Ehefrau Sylvie Everybody's Darling an der Elbe. Als er dann seinen Wechsel zum FC Valencia unsauber forcierte, tauften ihn die HSV-Fans flugs »van der Verrat« – und forderten auf einem Plakat: »Geh! Aber lass Sylvie hier!«

Wir gewinnen! Wir, das ist in diesem Fall Diego Ribas da Cunha, der 2006 nach Bremen kam, sah und siegte. Der eigenwillige Spielmacher legte sofort los wie die Feuerwehr, trug das Spiel der Werderaner brasilianisch vor und sorgte für Vorlagen sowie Tore am laufenden Band. Er stellte sich damit in eine Tradition mit Júlio César oder Giovane Élber, die in der Seleção nicht über Nebenrollen hinauskamen, in der Bundesliga aber zu echten Superstars wurden.

Die Durchgeknallten: Linksaußen und Torhüter

Torhüter und Linksaußen haben einen an der Klatsche, so eine alte Fußballweisheit, die sich immer wieder bestätigt. Mit ihren Späßen, Sprüchen und Ausrastern sorgen sie für beste Unterhaltung auf und neben dem Platz. Warum dem so ist? Wohlfeile Theorien sind in großer Zahl im Umlauf, eine wirklich stichhaltige Erklärung liefert keine. Die Wege des Herrn sind unergründlich ...

Willi »Ente« Lippens in seinem Metier: Als ihn ein Schiedsrichter auf Ruhrpottisch mit »Herr Lippens, ich verwarne Ihnen!« anzählte, entgegnete er ruhrspöttisch »Herr Schiedsrichter, ich danke Sie!« Der Kult-Stürmer von Rot-Weiss Essen, der seinen Gegnern regelmäßig Knoten in die Beine spielte, war nicht nur ein Grenzgänger zwischen Fußball und Humor, sondern auch zwischen Holland und Deutschland: Der Sohn eines Niederländers traf in seinem einzigen Länderspiel, wurde von seinen Mitspielern aber als »Deutscher« geschnitten – und es blieb bei einem Einsatz im Trikot von Oranje.

9. Juni 1979: 99 Luftballons auf ihrem Weg zum Horizont – nur einer ist ausgeschert, um sich am letzten Spieltag die Partie des neuen Meisters Hamburger SV gegen Bayern München anzuschauen. Sepp Maier, der Karl Valentin der Torhüterei, lauert konzentriert auf den richtigen Moment, um beherzt zuzugreifen.

18. Mai 1974: Am letzten Spieltag der Saison gastierte Schalke 04 am Betzenberg und es gab ordentlich was auf die Ohren. 4:0 führten die »Roten Teufel« kurz vor Schluss, als Max Klauser ein offensichtliches Lauterer Foul nicht pfiff. Erwin Kremers (r.) hatte schlechte Laune und hieß den Mann in Schwarz eine »blöde Sau«. Der gab sich gnädig und Kremers eine zweite Chance, indem er höflich nachfragte, was gesagt worden sei. Als Kremers »Noch einmal für Doofe: Sie sind eine blöde Sau!« entgegnete, war Rot nicht mehr vermeidbar. Bundestrainer Helmut Schön (l.) nominierte den Sünder im Anschluss nicht für die WM 1974.

Lukas Podolski alias Prinz Poldi in seinem Element: Der kölsche Jung ist eine echte rheinische Frohnatur und hat immer einen guten Spruch auf Lager. Drei seiner besten: »Jetzt müssen wir die Köpfe hochkrempeln. Die Ärmel natürlich auch.« »Es ist bitter, wenn jeder Ball, der reingeht, ein Tor ist.« Und: »So ist Fußball. Manchmal gewinnt der Bessere!«

3. April 1999: Ein verspäteter Aprilscherz? Eine ganz plumpe Anmache? Der ganz normale Wahnsinn? Oliver Kahn, der Vampir unter den Torhütern, geht auf den sichtlich irritierten Dortmunder Heiko Herrlich los. Viel Lärm um nichts, schließlich lag der FC Bayern am 24. Spieltag praktisch uneinholbar mit 15 Punkten vor dem Rest vom Schützenfest.

Franck Ribéry unter der Haube – der trickreichste Linksaußen mindestens seit Stan Libuda, wenn nicht der Bundesligageschichte, ist für jeden Schabernack zu haben. Mitspieler, Journalisten, Vereinsobere – niemand ist seit 2007 vor den Streichen des Bayern-Spaßvogels sicher. Aber Rache ist bekanntlich süß …

Offensiv– magier

Herrliche Kombinationen, atemberaubende Dribblings, spektakuläre Doppelpässe, tödliche Zuspiele in die Tiefe – das ist das Metier von Offensivmagiern aller Art, ob Zentrums- oder Flügelspieler, Spielmacher, hängende Spitze oder »falsche Neun«. Deutsche Tugenden hin oder her, die Bundesliga hat nicht nur Kämpfer, sondern auch unzählige Ballkünstler hervorgebracht.

Berühmt für die Halbzeitzigarette, berüchtigt für die große Klappe: Dorf-Diva Mario Basler gehörte in den 1990er-Jahren zum Unterhaltsamsten, was die Bundesliga zu bieten hatte – ob auf oder neben dem Platz. Super-Mario brachte Gegenspieler ebenso zur Weißglut wie eigene Trainer und verpasste keine Gelegenheit, in den Medien einen raus- und im gegnerischen Strafraum einen reinzuhauen. Nicht für den Laktattest geboren, war er auf dem Platz ein mit allen Wassern gewaschenes Schlitzohr, das Ideen hatte, auf die sonst niemand kam, und Pässe spielte, die sonst keiner im Repertoire hatte.

Brasilianischer Moment: Heinz Flohe, der deutsche Garrincha, Tempodribbler Kalle Rummenigge, Übersteigerkönig Hannes Bongartz und Flankengott Rüdiger Abramczik (v. l.) schließen am Strand von Rio de Janeiro Freundschaft mit dem einheimischen Fußballnachwuchs. In den 1970er-Jahren brachte die Bundesliga eine Vielzahl brillanter Techniker hervor. Ab den 1980er-Jahren trat die Athletik in den Vordergrund, erst im neuen Fußballjahrhundert kam das »brasilianisch« schöne Spiel wieder zu seinem Recht.

Der weiße Brasilianer: Bernd Schneider musste sich vor gar niemandem verstecken, auch nicht vor dem Typen links im Bild … Taktisch gewieft, technisch reich gesegnet, konnte er das Spiel lesen und tödliche Pässe spielen wie kein Zweiter. »Schnix« – was so viel heißt wie Dribbler, Schnibbler, Trickser – überließ das Toreschießen zumeist anderen, er selbst wollte nur eins: spielen.

Basti Fantasti: Sebastian Deisler galt als das ganz große Kreativtalent des deutschen Fußballs. Er konnte alles, was Spielmacher können: lenken, denken und gestalten, dribbeln, passen und vorbereiten. Doch seine Physis und seine Psyche machten ihm einen Strich durch die Rechnung: Mit instabilem Knie und lädierter Seele zog er, gerade einmal 27 Jahre alt, die Notbremse, floh aus der Fußballglitzerwelt und suchte die innere Ruhe.

»Wo keine Muskeln sind, kannst du dir auch nicht wehtun!«, antwortete Thomas Müller auf die Frage, warum er nie verletzt sei. Und solche Gräten kann er natürlich gefahrlos auch mal in den Weg stellen, beispielsweise wenn Mario Götze vorbeiwill – und obwohl der Muskeln hat. Müllers Markenzeichen, verbal wie fußballerisch, ist das Unkonventionelle. Er findet Räume, die sonst keiner erkennt, er wagt Doppelpässe, die in keinem Lehrbuch vorkommen, und er sucht den Abschluss noch in den unmöglichsten Situationen. Wie Götze im WM-Endspiel 2014, als er eines der schönsten Müller-Tore schoss …

Junge Flügel: In den guten alten Zeiten standen die Dinge noch unverrückbar fest. Der Spielmacher – wer sonst? – machte das Spiel. Heute, da nichts mehr ist, wie es einmal war, gibt es keinen Libero mehr, Spielmacher sind vom Aussterben bedroht und echte Mittelstürmer werden von falschen Neunern verdrängt. Kreativität ist im modernen Fußball auf vielen Schultern verteilt, hauptzuständig sind freilich die Flügelstürmer. Zwei der begabtesten: Julian Brandt aus dem Bayer-Labor und Leroy Sané aus der Knappen-Schule.

Die schnellsten Hattricks

Am 10. September 2016 war es so weit: Der finnische Stürmer Joel Pohjanpalo machte den 100. Hattrick der Bundesligageschichte. Gleich vier lupenreine Hattricks gab es in der Premierensaison, den ersten erzielte Otto Geisert am 5. Oktober 1963 (6. Spieltag) für den Karlsruher SC beim 4:2-Heimsieg gegen den 1. FC Nürnberg. 2:1 hatten die »Clubberer« zur Pause noch geführt, doch Geisert drehte die Partie mit seinen Treffern in der 55., 60. und 90. Minute. Spätere Hattrick-Schützen waren erheblich schneller …

27. August 1991 – der große Auftritt des Michael Tönnies: Der Duisburger traf gegen den Karlsruher SC zwischen der 10. und 15. Minute dreimal und übertraf den Uraltrekord von Herbert Laumen, der sechs Minuten gebraucht hatte, aus dem Jahr 1967. Mit seinen Toren zum 5:1 und 6:2-Endstand trat er zugleich dem exklusiven Klub der Spieler bei, denen fünf Treffer in einem Spiel gelungen sind. Der Torwart, der damals ein halbes Dutzend Mal hinter sich greifen musste? Ein gewisser Oliver Kahn …

Klaus Matischak alias »Zick-Zack-Matischak« – hier mit einer Flugkopfballeinlage gegen Eintracht Braunschweig – erzielte am 14. Dezember 1963 im Dress von Schalke 04 den dritten Hattrick der Bundesligageschichte. Nur acht Minuten benötigte der Goalgetter und setzte damit eine erste Rekordmarke. Vier Jahre später übertraf ihn der Mönchengladbacher Herbert Laumen, der gegen Hannover 96 in nur sechs Minuten dreimal einnetzte.

Die zehn schnellsten Hattricks

1. Robert Lewandowski (FC Bayern München): 3:22 Minuten, 22. September 2015/5:1 gegen den VfL Wolfsburg (51.–55.)
2. Michael Tönnies (MSV Duisburg): 5 Minuten, 27. August 1991/6:2 gegen den Karlsruher SC (11.–16.)
3. Herbert Laumen (Borussia Mönchengladbach): 6 Minuten, 30. September 1967/5:1 gegen Hannover 96 (3.–9.)
   Norbert Dickel (Borussia Dortmund): 6 Minuten, 13. September 1988/4:0 gegen Hannover 96 (67.–73.)
5. Sean Dundee (Karlsruher SC): 7 Minuten, 28. August 1996/4:0 gegen St. Pauli (56.–64.)
   Mario Gómez (VfL Wolfsburg): 7 Minuten, 2. April 2017/3:3 gegen Bayer 04 Leverkusen (80.–87.)
7. Klaus Matischak (Schalke 04): 8 Minuten, 14. Dezember 1963/4:1 gegen 1. FC Saarbrücken (49.–57.)
   Rüdiger Wenzel (Eintracht Frankfurt): 8 Minuten, 29. Januar 1977/4:0 gegen den 1. FC Köln (68.–76.)
   Dieter Hoeneß (FC Bayern München): 8 Minuten, 25. Februar 1984/6:0 gegen Eintracht Braunschweig (67.–75.)
   Pierre-Michel Lasogga (Hamburger SV): 8 Minuten, 6. Oktober 2013/5:0 beim 1. FC Nürnberg (59.–67.)

Schusshaltung wie aus dem Lehrbuch: Bei seinem historischen Fünferpack markierte Robert Lewandowski seine Bundesligatore 95, 96, 97, 98 und 99. Am nächsten Spieltag, beim Auswärtsspiel in Mainz, machte er die 100 voll. Nur Gerd Müller hat eine deutlich bessere Torquote, nur zwei aktive Spieler – Claudio Pizarro und Mario Gómez – haben mehr Treffer auf dem Kerbholz.

FC Bayern 5:1 VfL Wolfsburg
51. Robert Lewandowski
52. Robert Lewandowski
55. Robert Lewandowski
57. Robert Lewandowski
90. Robert Lewandowski

Von der harten Ersatzbank ohne weitere Umwege in die Geschichtsbücher: 0:1 lag Bayern München zur Pause gegen den VfL Wolfsburg zurück, Robert Lewandowski kam ins Spiel und hielt sich nicht mit halben Sachen auf. Viermal hatte er binnen sieben Minuten bereits getroffen, als er das Sahnehäubchen auf die Torte setzte: Mit einem fantastischen Seitfallzieher ließ er Diego Benaglio nicht den Hauch einer Chance und markierte nur acht Minuten und 59 Sekunden nach seinem ersten seinen fünften Treffer des Tages.

Schnellster Hattrick, schnellster Viererpack, schnellster Fünferpack: Robert Lewandowski ist der einzige Spieler, dem ein Fünferpack von der Bank gelungen ist. Mit dreizehn Toren nach Einwechslungen gehört der Pole zu den Top-Jokern der Bundesligageschichte.

Was für ein Einstand: In seinem erst vierten Bundesligaspiel für den Hamburger SV schlägt Pierre-Michel Lasogga am 6. Oktober 2013 dreimal zu. Beim 5:0-Auswärtssieg der Hanseaten in Nürnberg harmoniert er prächtig mit Rafael van der Vaart – und kann sein Glück kaum fassen.

Gut drauf: Vier oder mehr Tore in einer Partie

Der Traum aller Stürmer: Den Ball nicht nur einmal, zweimal oder dreimal in einem Spiel zu versenken, sondern gleich viermal, fünfmal oder sechsmal. Mehr als sechstausend Bundesligaprofis gab es bisher, nur gut zwanzig haben dieses Kunststück bis dato geschafft. Sieben auf einen Streich hat – bis auf das tapfere Schneiderlein – allerdings noch kein Stürmer zuwege gebracht.

17. August 1977: Mit 34 Toren war Dieter Müller vom 1. FC Köln Torschützenkönig der Bundesligasaison 1976/77 geworden. In der darauffolgenden Spielzeit traf Namensvetter Gerd Müller an den Spieltagen eins und zwei insgesamt sechsmal, während Dieter Müller torlos blieb. Doch dann holte der Geißbock in Windeseile auf. Im Spiel gegen Werder Bremen ließ er »Eisenfuß« Horst-Dieter Höttges ein ums andere Mal ganz alt aussehen und schenkte Torwart Dieter Burdenski in beiden Halbzeiten je drei Tore ein – ein Rekord für die Ewigkeit.

4, 5 oder 6 Tore in einem Spiel

6 Tore pro Spiel
Dieter Müller   1 Sechserpack

5 Tore pro Spiel
Gerd Müller   4 Fünferpacks
Franz Brungs, Rudolf Brunnenmeier,   1 Fünferpack
Manfred Burgsmüller, Atli Eðvaldsson,
Frank Hartmann, Jupp Heynckes, Dieter Hoeneß,
Jürgen Klinsmann, Robert Lewandowski,
Klaus Scheer, Karl-Heinz Thielen, Michael Tönnies

4 Tore pro Spiel
Gerd Müller   10 Viererpacks
Klaus Fischer, Dieter Müller   3 Viererpacks
Erich Beer, Mario Gómez,   2 Viererpacks
Karl-Heinz Rummenigge, Fritz Walter
43 Spieler von Timo Konietzka (1964)   1 Viererpack
bis Max Kruse (2017)

7. Dezember 1963: Der schöne Kalli mit dem Silberblick – Karl-Heinz Thielen vom 1. FC Köln gehörte mit 16 Treffern zu den Garanten des Erfolgs, als die Domstädter in der ersten Spielzeit der neu gegründeten Bundesliga den Titel an den Rhein holten. Allein fünfmal legte er das Ei am 14. Spieltag beim 5:1-Sieg gegen den 1. FC Kaiserslautern ins Netz.

Ordentlich gemüllert: Keinem anderen Spieler der Bundesligageschichte gelangen zwei Fünferpacks, dem Bomber der Nation dagegen gleich vier – 1972 beim 7:0 gegen Rot-Weiß Oberhausen, 1973 beim 6:0 gegen den 1. FC Kaiserslautern, 1976 beim 7:4 gegen Hertha BSC und beim 9:0 gegen TeBe Berlin.

Schneller die Tore nie fielen: Dieter Hoeneß hatte es am 25. Februar 1984 eilig. In der 67. Minute jubelte er gegen Eintracht Braunschweig über seinen ersten, in der 89. Minute über seinen fünften Treffer des Tages – der mit Abstand schnellste Fünferpack der Bundesligahistorie, bis Robert Lewandowski 2015 (fast) alle Rekorde pulverisierte.

15. März 1986: Jürgen Klinsmann schwebt auf Wolke 0:7 – beim Auswärtssieg seines VfB Stuttgart im Düsseldorfer Rheinstadion schlug der spätere Sommermärchen-Bundestrainer zwischen der 37. und 79. Minute fünfmal zu. So glücklich kann Fußball machen …

14. Februar 2015: Selten waren vier Tore so wertvoll wie die von Bas Dost beim Auswärtsspiel des VfL Wolfsburg in Leverkusen. Nicht nur traf er zum 1:0, 3:0 und 4:2, sondern erzielte Sekunden vor dem Abpfiff auch den 5:4-Siegtreffer in einer dramatischen Partie.

Verrückte Tore

Tore machen kann jeder. Aber manche Tore kann eigentlich keiner machen. Tore, die unmöglich sind. Tore, die in Situationen fallen, in denen sonst keine Tore fallen. Tore aus dem Kuriositätenkabinett, die man nicht planen und nicht üben kann, die aus dem Moment entstehen und die Zeit für einen Augenblick stillstehen lassen.

17. April 2004: 26 Tore erzielte Keeper Hans Jörg Butt per Elfmeter in der Bundesliga, Nummer 23 kam als Bumerang zurück. Nachdem Butt gegen Schalke 04 zum 3:1 getroffen hatte, klatschte er jeden Mitspieler einzeln ab und ließ sich ausgiebig feiern. Er war noch nicht zurück zwischen den Pfosten, als der Ball schon wieder einschlug, diesmal in seinem Kasten. Schlitzohr Mike Hanke (Foto) hatte die Chance genutzt und das Leder vom Anstoßpunkt ins leere Tor gezirkelt.

Doktor Hammer: Bernd Nickel, der zwischen 1967 und 1983 die Schuhe für Eintracht Frankfurt schnürte, ist der torgefährlichste Mittelfeldspieler der Bundesligageschichte. Vier seiner 141 Tore erzielte der Mann mit dem ebenso harten wie präzisen Schuss durch direkt verwandelte Ecken. Sein berühmtestes Kunststoßtor von der Eckfahne gelang ihm am 22. November 1975 mit dem Außenrist, als die SGE Bayern München mit 6:0 aus dem Waldstadion fegte.

4. Oktober 2009: Nach einer halben Stunde gegen den HSV verletzte sich Hertha-Keeper Timo Ochs, Sascha Burchert kam zu seinem zweiten Bundesligaeinsatz, der im Fiasko endete. Gerade einmal fünf Minuten im Spiel, »rettete« er mit dem Kopf – vor die Füße von David Jarolím (r.), der das Leder aus 36 Metern Entfernung ins leere Tor bugsierte. Und weil es so schön war, wiederholte sich die Szene nur 100 Sekunden später: Wieder »klärte« Burchert mit dem Schädel und Zé Roberto jagte das Spielgerät aus dem Mittelkreis in die Maschen.

3. März 2001: 3:2 führt Abstiegskandidat Hansa Rostock gegen Tabellenführer Bayern München, die reguläre Spielzeit ist abgelaufen, Oliver Kahn sprintet nach vorne und sorgt für den Lacher des Jahres. Mit beiden Fäusten boxt er das Leder ins Gehäuse. Tor? Nein, Rot! Sein Kommentar: »War eigentlich ein klares Tor. Der Torwart, dachte ich immer, darf die Hände im 16-Meter-Raum benutzen.«

Weitere Tore aus mehr als 60 Metern

Torschütze	Meter	Partie	Datum
Giorgos Tzavellas	73	Schalke 04 – Eintracht Frankfurt	12. März 2011
Klaus Allofs	70	1. FC Köln – Bayer 04 Leverkusen	31. März 1986
Diego	62	Werder Bremen – Alemannia Aachen	20. April 2007

25. April 2009: Sebastian Langkamp (l.) und Christian Eichner (r.) lachen sich schlapp. Was war passiert? In einem echten Grottenkick, bis dahin torlos, fing Bayers Renato Augusto einen KSC-Angriff ab und ging ab durch die Mitte. Innenverteidiger Langkamp grätschte das Leder im Mittelkreis weg, der Ball wurde lang und länger und senkte sich in den Kasten hinter René Adler. Ein wahnwitziges Tor »aus Versehen« …

20. September 2014: 1:0 führte der SC Paderborn 07 gegen Hannover 96, die Nachspielzeit verrann, und Ron-Robert Zieler, der Keeper der Niedersachsen, ging bei einem Freistoß mit nach vorne, um das Unmögliche doch noch möglich zu machen. Doch das Leder landete an der Strafraumgrenze bei Moritz Stoppelkamp, der kurz das verwaiste Tor in der Ferne anvisierte und aus 82 Metern blitzsauber traf.

Eigentore

Schüsse, die nach hinten losgehen, sind nicht die Regel, aber doch an der Tagesordnung. 1005-mal passierte dieses Missgeschick bisher, 749 Spieler trafen seit 1963 in die eigenen Maschen. Und immer wieder riefen sie den Fußballgott an: Warum ich? Warum gerade jetzt? Wie konnte mir das nur passieren? Aber alles Lamentieren hilft nichts, sondern nur, die Scharte auszubügeln und auch auf der richtigen Seite ins Schwarze zu treffen.

Manfred Kaltz, der Erfinder der Bananenflanke, brachte ab und zu auch ein ganz krummes Ding aufs eigene Tor. Sechsmal ließ er den eigenen Keeper ganz schlecht aussehen und führt damit die Liste der unfreiwilligen Torschützen an. Niemand hat außerdem mehr Elfmeter verwandelt als der Außenverteidiger: 60-mal trat der Wahl-Hamburger an den Punkt, 53-mal scheppterte es im gegnerischen Kasten. Mit 581 Bundesligaspielen ist er zudem Rekordspieler des HSV und die Nummer zwei der Liga überhaupt.

In den Winkel gezimmert: Nach drei Jahren bei Bayer 04 Leverkusen kehrte Helmut Winklhofer 1985 zu Bayern München zurück. Gleich am ersten Spieltag unterlief ihm ein denkwürdiges Eigentor: 35 Meter vor dem eigenen Kasten wollte er klären, sein Querschläger wurde zum Torschuss, und das Leder schlug unhaltbar für Keeper Jean-Marie Pfaff ein – das einzige Eigentor, das zum »Tor des Monats« gewählt wurde.

Shakehands: Dieter Bast (l.) und Per Røntved (r.), die Spielführer von Rot-Weiss Essen und Werder Bremen, begrüßen sich am 6. November 1976. 90 Spielminuten später endet die Partie schiedlich-friedlich torlos. Die beiden Abwehrspieler gehören zum exklusiven Klub von sechs Spielern, denen zwei Eigentore in einem Spiel unterliefen – Røntved 1976, Bast 1980 im Trikot des VfL Bochum. Doppelpacks gegen den eigenen Keeper gelangen außerdem Dieter Pulter (1. FC Kaiserslautern, 1963), Gerd Zimmermann (Fortuna Köln, 1973), Nikolče Noveski (Mainz 05, 2005) und Karim Haggui (Hannover 96, 2009).

Derbys sind das Salz in der Suppe des Fußballs – insbesondere wenn sie so irrwitzig verlaufen wie die Partie Mainz 05 gegen Eintracht Frankfurt am 19. November 2005. Nach drei Minuten traf Nikolče Noveski zum ersten Mal, 132 Sekunden später zum zweiten Mal – der schnellste Eigentor-Doppelpack der Bundesliga. 64 Minuten später vollendete Noveski erneut, diesmal ins richtige Tor, und als Petr Ruman mit dem Schlusspfiff den Ausgleich machte, stand das Bruchwegstadion Kopf.

Eigentorschützenkönige

1.	Manfred Kaltz	Hamburger SV	6
	Nikolče Noveski	1. FSV Mainz 05	
3.	Per Røntved	Werder Bremen	5
4.	Franz Beckenbauer	FC Bayern München	4
	Willi Entenmann	VfB Stuttgart	
	Karlheinz Geils	Werder Bremen/Hannover 96	
	Karim Haggui	Bayer 04 Leverkusen/Hannover 96	
	Tomasz Hajto	FC Schalke 04/MSV Duisburg	
	Wilfried Hannes	Borussia Mönchengladbach	
	Thomas Helmer	Borussia Dortmund	
	Ditmar Jakobs	Hamburger SV/MSV Duisburg	
	Uwe Kliemann	Hertha BSC	
	Michael Klinkert	Borussia Mönchengladbach	
	Per Mertesacker	Werder Bremen/Hannover 96	
	Ludwig Müller	1. FC Nürnberg/Borussia Mönchengladbach	
	Walter Oswald	VfL Bochum	
	Marco Russ	Eintracht Frankfurt	
	Gerd Zimmermann	Fortuna Düsseldorf/Fortuna Köln	

Allgemeine Rat- und Fassungslosigkeit im Dress von Hannover 96: Beim Spiel auf dem Mönchengladbacher Bökelberg schoss Karim Haggui (r.) das 1:0 und den 5:3-Endstand für die Elf vom Niederrhein und auch Constant Djakpa (l.) traf zum zwischenzeitlichen 3:1 in die eigenen Maschen. Torhüter Florian Fromlowitz ist bedient: Drei Eigentore, alle von außerhalb des Strafraums – das gibt's nur einmal, das kommt nie wieder.

Es ist zum Haareraufen: Georg Niedermeier will eine Flanke von Bayern-Ass Franck Ribéry entschärfen und dem Zugriff Robert Lewandowskis entziehen, doch der Schuss geht nach hinten los. Schon das sechste Stuttgarter Eigentor von insgesamt sieben in der Spielzeit 2015/16 – Bundesligarekord. »Also, trainieren tun wir es nicht«, kommentierte Trainer Jürgen Kramny die Misere trocken – und der VfB stieg am Ende der Saison ab.

Fallrückzieher

Ein Raunen geht durch das Publikum. Wer gerade nicht hingeschaut hat, ist selbst schuld. Denn ein Fallrückzieher kommt so schnell nicht wieder. Die akrobatischste Art, ein Tor zu erzielen, ist eine echte Rarität und von besonderer Schönheit. Wer es unfallfrei schafft, mit dem Rücken auf einem Polster aus Luft zu liegen und den Ball so exakt zu treffen, dass er tatsächlich in den Maschen landet, kann sich der Gunst der Zuschauer sicher sein.

27. September 1975: Nach zehn Minuten brachte Klaus Fischer Schalke 04 gegen den Karlsruher SC in Führung, nur vier Minuten später ist er erneut zur Stelle und schießt mit einem perfekten Fallrückzieher das zwischenzeitliche 2:0. 268-mal traf der königsblaue Jahrhundertstürmer in der Bundesliga, so oft wie sonst nur Gerd Müller, aber – trotz seines Rufs als Großmeister der Fußballakrobatik – nur dieses eine Mal per Fallrückzieher.

14. November 1987: VfB-Spielmacher Ásgeir Sigurvinsson schlägt einen weiten Diagonalpass auf den rechten Flügel, Günther Schäfer fackelt nicht lange, sondern flankt volley und gefühlvoll in die Mitte, wo Jürgen Klinsmann, der Torschützenkönig der Saison, mit einem traumhaften Fallrückzieher zum 1:0 gegen Bayern München trifft – das Tor des Jahres 1987.

Klaus Fischer macht es sich im Deutschen Fußballmuseum bequem: Dreimal schoss der Schalker Knappe das Tor des Jahres, so oft wie kein anderer Spieler, dreimal per Fallrückzieher: 1975 gegen den KSC, 1977 im Freundschaftsspiel gegen die Schweiz und 1982 im dramatischen WM-Halbfinale gegen Frankreich, das als »Nacht von Sevilla« in die Historie einging. Weil er auch 1990 und 2003 bei Altherren-Freundschaftsspielen mit Fallrückziehern glänzte, ist er der einzige Spieler, dem in vier verschiedenen Jahrzehnten Tore des Monats gelangen.

Tor des Jahres

KLAUS FISCHER 1977

2. Mai 2015: Im Niedersachsen-Derby empfing Champions-League-Aspirant Wolfsburg Kellerkind Hannover, und es kam, wie es kommen musste: Zur Halbzeit lagen die Wölfe gegen zahnlose 96er 2:0 vorn. Doch nach einem schnellen Anschlusstreffer kurz nach Wiederanpfiff sahen die Zuschauer ein anderes Spiel, und nach knapp einer Stunde schoss Salif Sané mit einem herrlichen Fallrückzieher den Ausgleich – ein lebensnotwendiger Punkt zum Klassenerhalt.

12. September 1998: Mit breiter Brust startete der Sensationsmeister der Vorsaison in die neue Spielzeit. Am vierten Spieltag kam Hertha BSC zum Betzenberg und es entwickelte sich ein wahres Schützenfest: 1:3 lagen die Roten Teufel schon zurück, doch nach Olaf Marschalls Traumtor per Fallrückzieher drehten die Pfälzer die Partie und gewannen nach einer atemberaubenden Schlussphase mit 4:3.

20. Februar 2016: Eine Sensation lag in der Luft – Aufsteiger Darmstadt 98 führte zur Pause gegen Serienmeister Bayern München 1:0. Doch dann lag Thomas Müller in der Luft: Nachdem er schon für den Ausgleich gesorgt hatte, besorgte der Stürmer mit einem unkonventionellen Fallrückzieher à la Müller auch die Führung – mit dem Außenrist wickelte er den Ball um Júnior Díaz in den linken Winkel.

Tor des Monats

Seit 1971 kürt die Sportschau das Tor des Monats und das Tor des Jahres. Später wurden in Umfragen und Abstimmungen auch Tore des Jahrzehnts und des Jahrhunderts ermittelt. 21-mal fiel das schönste Tor des Jahres bis dato in Bundesligapartien – eines schöner und spektakulärer als das andere. Eine Auswahl der Sternstunden, Geistesblitze und Wahnsinnstaten …

Tor des Monats April 2009: Hacke, Spitze, eins, zwei, drei – Grafite dringt über halb links in den Strafraum ein, düpiert die ersten beiden Bayern, zieht nach innen, lässt Torwart Michael Rensing ins Leere rutschen, sieht sich von drei Roten umzingelt … und macht das Ding rotzfrech mit der Hacke. Die Wölfe gewinnen 5:1 gegen den Rekordmeister und halten am Ende die Meisterschale in Händen.

Tor des Monats Oktober 1974: Erwin Kostedde, mit 52 Toren einsamer Bundesligarekordschütze der Kickers aus Offenbach, nahm den Ball an der Strafraumgrenze mit der Brust an und hämmerte ihn volley mit links ins rechte obere Eck – das 3:3 gegen Borussia Mönchengladbach. Als Dieter Schwemmle zwölf Minuten vor dem Schlusspfiff den 4:3-Siegtreffer machte, bebte der Bieberer Berg.

Tor des Monats August 1989: »Auge« nimmt Maß und drischt das Leder aus dem Mittelkreis auf den Kasten von Keeper Uli Stein, der Ball wird lang und länger und schlägt knapp unterhalb der Latte in die Maschen ein. Bayern München gewinnt die erste Pokalrunde bei Eintracht Frankfurt 1:0, Klaus Augenthalers Geniestreich wird Tor des Monats, Tor des Jahres und Tor des Jahrzehnts.

Tor des Monats August 2011: Jan Morávek spielt den Ball gefühlvoll durch die Kölner Viererkette, Raúl läuft schräg ein, steht plötzlich mutterseelenallein vor Keeper Michael Rensing und befördert das Spielgerät mit einem Heber, wie er perfekter nicht möglich ist, in die Maschen – das 4:1 in der Schalker Arena, auf das Klaas-Jan Huntelaar mit seinem dritten Treffer des Tages noch einen draufsetzte.

Mindestens 5 Tore des Monats:

Spieler	Tore des Monats	Zeitraum
1. Lukas Podolski	12	2004–2017
2. Jürgen Klinsmann	7	1986–1998
3. Mario Basler	6	1992–1999
Klaus Fischer	6	1975–2003
Karl-Heinz Rummenigge	6	1979–1984
6. Gerd Müller	5	1972–1976
Rudi Völler	5	1983–1992

Tor des Monats Februar 2011: Mit zwölf Toren des Monats ist Lukas Podolski der einsame Spitzenreiter in Sachen Traumtore. Sein vielleicht kühnster Husarenstreich: Der FC hatte den SC Freiburg weit in die eigene Hälfte gedrängt und müde gespielt, nur ein Tor hatte einfach nicht fallen wollen, als Prinz Poldi das Müngersdorfer Stadion doch noch zum Kochen brachte. In der 88. Minute konterte er nach einem gefühlvollen Steilpass über den linken Flügel und chippte den Ball vom Strafraumeck noch gefühlvoller über den völlig verdutzten Oliver Baumann in den Kasten.

Tore des Jahres, die in Bundesligaspielen erzielt wurden

Jahr	Spieler	Verein	Gegner	Zwischen-/Endstand
1971	Ulrik le Fevre	Borussia Mönchengladbach	FC Schalke 04	6:0/7:0
1974	Erwin Kostedde	Kickers Offenbach	Borussia Mönchengladbach	3:3/4:3
1975	Klaus Fischer	FC Schalke 04	Karlsruher SC	2:0/2:2
1980	Karl-Heinz Rummenigge	FC Bayern München	VfL Bochum	1:0/3:1
1984	Daniel Simmes	Borussia Dortmund	Bayer 04 Leverkusen	1:0/2:1
1985	Pierre Littbarski	1. FC Köln	Werder Bremen	3:1/3:2
1987	Jürgen Klinsmann	VfB Stuttgart	FC Bayern München	1:0/3:0
1988	Jürgen Wegmann	FC Bayern München	1. FC Nürnberg	1:0/1:0
1991	Andreas Müller	FC Schalke 04	1. FC Kaiserslautern	1:1/1:1
1992	Lothar Matthäus	FC Bayern München	Bayer 04 Leverkusen	2:1/4:2
1993	Jay-Jay Okocha	Eintracht Frankfurt	Karlsruher SC	3:1/3:1
1994	Bernd Schuster	Bayer 04 Leverkusen	Eintracht Frankfurt	1:0/4:0
1995	Jean-Pierre Papin	FC Bayern München	KFC Uerdingen 05	1:0/2:0
1998	Olaf Marschall	1. FC Kaiserslautern	Hertha BSC	2:3/4:3
1999	Giovane Élber	FC Bayern München	Hansa Rostock	3:0/4:0
2000	Alex Alves	Hertha BSC	1. FC Köln	1:2/4:2
2005	Kasper Bøgelund	Borussia Mönchengladbach	FC Schalke 04	1:0/1:1
2007	Diego	Werder Bremen	Alemannia Aachen	3:1/3:1
2009	Grafite	VfL Wolfsburg	FC Bayern München	5:1/5:1
2011	Raúl	FC Schalke 04	1. FC Köln	4:1/5:1
2016	Marcel Risse	1. FC Köln	Borussia Mönchengladbach	2:1/2:1

Ballermänner – Stürmer mit der besten Quote

Es gibt Stürmer, die treffen nie. Oder manchmal. Oder öfter mal. Und es gibt welche, die treffen (fast) immer. »Bomber« Gerd Müller ist das Paradebeispiel, aber auch andere Spieler waren und sind mit einem unwiderstehlichen Killerinstinkt gesegnet, gegen den kein Kraut gewachsen ist. Angreifer, die den gegnerischen Verteidigern zwei schlaflose Nächte bereiten: vor und nach dem Spiel.

»Gib mich die Kirsche!«, forderte Lothar Emmerich immer wieder von seinen Mitspielern. Hatte er das Steinobst, dann zögerte er nicht lange und zog ab, wie hier gegen Franz Beckenbauer und Sepp Maier. 1966 war sein Jahr: »Emma« wurde mit 31 Toren Torschützenkönig der Fußball-Bundesliga und schoss 14 Tore, als der BVB gegen den FC Liverpool den Pokal der Pokalsieger gewann – so viele wie kein anderer Spieler vor oder nach ihm in dem ehemaligen europäischen Wettbewerb.

»Ein Rudi Völler, es gibt nur ein' Rudi Völler«: Nachdem der Jungstürmer in der Zweitligasaison 1981/82 mit gigantischen 37 Toren Schützenkönig geworden war, wechselte er vom TSV 1860 München zu Werder Bremen – und wurde sofort wieder Torschützenkönig, diesmal in Liga eins. Bis 1987 prägte er an der Weser unter Trainer Otto Rehhagel eine Ära und traf 97-mal in 137 Spielen – eine gigantische Quote, die allerdings zu keinem Titel, sondern »nur« zu drei Vizemeisterschaften reichte.

Zumeist beidhändig, ausnahmsweise auch mal einäugig: 25-mal nahm Anthony Modeste 2016/17 das Publikum fest ins Visier. Der französische Stürmer erwies sich damit als ernsthafter Herausforderer von Robert Lewandowski und Pierre-Emerick Aubameyang sowie als würdiger Nachfolger von Klaus Allofs, dem 1984/85 26 Saisontore im Kölner Trikot gelungen waren. Ganz Müngersdorf stand kopf, als der FC am letzten Spieltag ins internationale Geschäft einzog – zum ersten Mal seit 25 Jahren – und die Kölner Europapokalträume wahr wurden.

Entschlossener Blick, schnelle Füße, energisch im Kopfballspiel: Zwischen 1972 und 1980 verbrachte Klaus Toppmöller seine großen Jahre auf dem Betzenberg und wurde mit 108 Treffern Rekordtorschütze der »Roten Teufel«. So stürmisch er selbst spielte, so angriffslustig stellte »Toppi« später als Trainer seine Mannschaften ein. Doch trotz berauschenden Traumfußballs schrammte er mit Eintracht Frankfurt 1994 an der Meisterschaft und mit Bayer Leverkusen 2002 am Triple vorbei.

Dieses war der erste Streich: Als die Borussia aus Dortmund jene aus Mönchengladbach am ersten Spieltag der Saison 2015/16 mit 4:0 überfuhr, trug sich Pierre-
Emerick Aubameyang mit dem 2:0 in die Torschützenliste ein. Auch in der
Folge zeigte sich der Gabuner pfeilschnell, spielstark und brandgefährlich,
traf an den folgenden sieben Spieltagen je mindestens einmal – ein Kunststück,
das noch keinem Bundesligastürmer zuvor gelungen war und das ihm so schnell
keiner nachmachen wird.

Beste Quote: ehemalige Spieler

	Spieler	Tore	Spiele	Quote	Meiste Tore für	Zeitraum
1.	Gerd Müller	365	427	0,85	FC Bayern München	1965–1979
2.	Lothar Emmerich	115	183	0,63	Borussia Dortmund	1963–1969
3.	Horst Hrubesch	136	224	0,61	Hamburger SV	1975–1985
4.	Jupp Heynckes	220	369	0,60	Borussia Mönchengladbach	1965–1978
5.	Dieter Müller	177	303	0,58	1. FC Köln	1973–1986
6.	Uwe Seeler	137	239	0,57	Hamburger SV	1963–1972
7.	Rudi Völler	132	232	0,57	Werder Bremen	1980–1996
8.	Klaus Toppmöller	108	204	0,53	1. FC Kaiserslautern	1973–1979
9.	Ulf Kirsten	181	350	0,52	Bayer 04 Leverkusen	1990–2003
10.	Karl-Heinz Rummenigge	162	310	0,52	FC Bayern München	1974–1984

Beste Quote: aktuelle Spieler (mit mindestens 50 Toren)

	Spieler	Tore	Spiele	Quote	Meiste Tore für	Seit
1.	P.-E. Aubameyang	85	127	0,67	Borussia Dortmund	2013
2.	Robert Lewandowski	151	227	0,67	Borussia Dortmund/FC Bayern München	2010
3.	Mario Gómez	154	269	0,57	FC Bayern München	2004
4.	Arjen Robben	90	168	0,54	FC Bayern München	2009
5.	Anthony Modeste	59	123	0,48	1. FC Köln	2013
6.	Klaas-Jan Huntelaar	82	175	0,47	FC Schalke 04	2010
7.	Claudio Pizarro	191	430	0,44	Werder Bremen	1999
8.	Marco Reus	92	222	0,41	Borussia Dortmund	2009
9.	Vedad Ibišević	104	260	0,40	TSG Hoffenheim	2006
10.	Thomas Müller	96	257	0,37	FC Bayern München	2008

An Tagen wie
diesen: Arjen Robben hatte
am 1. März 2014 einen besonders
guten erwischt und machte beim 5:1
gegen völlig indisponierte Schalker seinen
vierten Dreierpack in der Bundesliga. So
berühmt wie berüchtigt ist der dribbelnde
Holländer vor allem für den immergleichen,
immergrünen Trick: Der linksfüßige Rechtsaußen flitzt über seinen Flügel nach vorne,
um dann nach innen zu ziehen und aus
mittlerer Distanz mit dem starken Linken
abzuziehen – tausendmal gesehen,
völlig vorhersehbar und doch
nicht zu verteidigen.

Torschützen-könige

Vollblutstürmer, Tormaschinen, echte Neuner – sie wollen nur das eine: das Ding reinmachen. Jedes Jahr aufs Neue ist der gegnerische Kasten für die einen wie vernagelt, während andere aus dem Jubeln gar nicht mehr herauskommen. Ging die Torausbeute in den 1980er- und 1990er-Jahren kontinuierlich zurück, stiegen die Pegel in den vergangenen Jahren wieder deutlich an – 2016 knackte Robert Lewandowski endlich wieder die magische Grenze von 30 Saisontoren.

Uwe Seeler – wer sonst? – war der erste Torschützenkönig der Bundesliga. Siebenmal war er ab 1955 der treffsicherste Stürmer der Oberliga Nord gewesen, die der HSV Jahr für Jahr beinahe nach Belieben beherrschte. Mit 30 Toren, zehn mehr als Timo Konietzka vom BVB, legte »Uns Uwe« die Latte hoch, doch schon zwei Jahre später überflügelte ihn Lothar Emmerich um eine Bude.

Torkönig ohne Krone: Vedad Ibišević war in der Hinrunde 2008/09 in der Form seines Lebens. Gegen Bayern München schoss er am 16. Spieltag sein 18. Tor und begab sich damit auf die Spuren von Gerd Müller, dessen 40-Tore-Fabelrekord nun in Reichweite schien. Doch der Stürmer von Sensations-Herbstmeister 1899 Hoffenheim verletzte sich in der Vorbereitung auf die Rückrunde schwer am Kreuzband und machte kein einziges Spiel mehr.

Der TORgarant

KIRSTEN
9

Eine deutsch-deutsche
Fußball-Karriere

Der Torgarant: Nachdem die Mauer zwischen Ost und West gefallen war, wechselte Ulf Kirsten 1990 von Dynamo Dresden zu Bayer Leverkusen. Nach gerade einmal 63 Minuten in der Bundesliga ließ der »Schwatte« es erstmals klingeln – und das auch noch auswärts beim großen FC Bayern. Mit 181 Bundesligatoren wurde der bullige Mittelstürmer zum Rekordschützen von Bayer, treffsichersten Spieler der 1990er-Jahre und dreimaligen Torschützenkönig.

Aller guten Dinge sind drei: Nachdem Kalle Rummenigge 1984 nach 1980 und 1981 erneut Torschützenkönig der Bundesliga geworden war, folgte er dem Lockruf aus Bella Italia und wechselte zu Inter Mailand. Im Rahmen seines Ablösespiels bekam er die Torjägerkanone, seinerzeit noch im Design des Gelsenkirchener Barock, überreicht.

Prädikat absolute Weltklasse: In seiner Premierensaison bei Borussia Dortmund war Robert Lewandowski bereits bester Joker der Liga, in den drei folgenden Spielzeiten ballerte er sich mit 66 Bundesligabuden nicht nur in die schwarz-gelben Geschichtsbücher. Nachdem er in seinem ersten Jahr bei den Bayern »nur« 17-mal getroffen hatte, explodierte er 2015/16 so richtig und netzte gewaltige 30-mal ein – so oft hatte zuletzt Dieter Müller in der Saison 1976/77 für den 1. FC Köln getroffen.

Torschützenkönige

19. Mai 2001, 34. Spieltag der Saison 2000/01: 90 Minuten im Hamburger Volksparkstadion sind abgelaufen, als Sergej Barbarez sein Trikot einer ernsthaften Zerreißprobe unterzieht – soeben hat der Goalgetter gegen den FC Bayern sein 22. Saisontor gemacht und damit zum Schalker Ebbe Sand aufgeschlossen. Doch den Dänen freute es, denn das 1:0 des HSV bedeutete für seine Knappen vermeintlich die Meisterschaft – die ein Traum blieb, weil den Bayern in buchstäblich allerletzter Sekunde doch noch der Ausgleich gelang.

Der in jeder Hinsicht außergewöhnlichste Torschützenkönig der Bundesligageschichte: Defensivspezialist Lothar Kobluhn hatte eigentlich die Aufgabe, die gegnerischen Mittelstürmer in Empfang zu nehmen. Als Rot-Weiß Oberhausen in der Saison 1970/71 tief im Abstiegssumpf steckte, drehte er den Spieß jedoch um: »Wenn ich sehe, was unsere Stürmer oft zusammenspielen, dann hält mich nichts mehr, dann muss ich vorne rein.« Tat's, traf 24-mal und rettete die »Kleeblätter« am letzten Spieltag. Wegen der Verstrickung von RWO in den Bundesligaskandal verweigerte der Kicker dem Unbescholtenen die Torjägerkanone – und überreichte sie letztlich doch: mit 37 Jahren Verspätung, zu Kobluhns 65. Geburtstag.

Mehr als einmal Torschützenkönig

	Spieler	Titel	Jahre
1.	Gerd Müller	7	1967, 1969, 1970, 1972, 1973, 1974, 1978
2.	Ulf Kirsten	3	1993, 1997, 1998
	Karl-Heinz Rummenigge	3	1980, 1981, 1984
4.	Klaus Allofs	2	1979, 1985
	Lothar Emmerich	2	1966, 1967
	Jupp Heynckes	2	1974, 1975
	Stefan Kuntz	2	1986, 1994
	Robert Lewandowski	2	2014, 2016
	Martin Max	2	2000, 2002
	Dieter Müller	2	1977, 1978
	Roland Wohlfarth	2	1989, 1991
	Anthony Yeboah	2	1993, 1994

Mario Gómez spielte 2010/11 seine beste Saison im Bayern-Trikot. Obwohl er zu Beginn der Hinrunde nur zu Kurzeinsätzen kam und seinen ersten Treffer erst am achten Spieltag verbuchen konnte, holte er am Ende konkurrenzlos die Torjägerkanone. Mehr als die Hälfte seiner 28 Tore erzielte er in fünf Partien, in denen er je dreimal traf, darunter ein lupenreiner Hattrick in der Partie gegen Bayer 04 Leverkusen – im Bild sein zweiter Treffer des Tages.

Saison	Spieler	Verein	Tore
1963/64	Uwe Seeler	Hamburger SV	30
1964/65	Rudolf Brunnenmeier	TSV 1860 München	24
1965/66	Lothar Emmerich	Borussia Dortmund	31
1966/67	Lothar Emmerich	Borussia Dortmund	28
	Gerd Müller	FC Bayern München	28
1967/68	Hannes Löhr	1. FC Köln	27
1968/69	Gerd Müller	FC Bayern München	30
1969/70	Gerd Müller	FC Bayern München	38
1970/71	Lothar Kobluhn	Rot-Weiß Oberhausen	24
1971/72	Gerd Müller	FC Bayern München	40
1972/73	Gerd Müller	FC Bayern München	36
1973/74	Jupp Heynckes	Borussia Mönchengladbach	30
	Gerd Müller	FC Bayern München	30
1974/75	Jupp Heynckes	Borussia Mönchengladbach	27
1975/76	Klaus Fischer	FC Schalke 04	29
1976/77	Dieter Müller	1. FC Köln	34
1977/78	Dieter Müller	1. FC Köln	24
	Gerd Müller	FC Bayern München	24
1978/79	Klaus Allofs	Fortuna Düsseldorf	22
1979/80	Karl-Heinz Rummenigge	FC Bayern München	26
1980/81	Karl-Heinz Rummenigge	FC Bayern München	29
1981/82	Horst Hrubesch	Hamburger SV	27
1982/83	Rudi Völler	Werder Bremen	23
1983/84	Karl-Heinz Rummenigge	FC Bayern München	26
1984/85	Klaus Allofs	1. FC Köln	26
1985/86	Stefan Kuntz	VfL Bochum	22
1986/87	Uwe Rahn	Borussia Mönchengladbach	24
1987/88	Jürgen Klinsmann	VfB Stuttgart	19
1988/89	Thomas Allofs	1. FC Köln	17
	Roland Wohlfarth	FC Bayern München	17
1989/90	Jørn Andersen	Eintracht Frankfurt	18
1990/91	Roland Wohlfarth	FC Bayern München	21
1991/92	Fritz Walter	VfB Stuttgart	22
1992/93	Ulf Kirsten	Bayer 04 Leverkusen	20

Saison	Spieler	Verein	Tore
1992/93	Anthony Yeboah	Eintracht Frankfurt	20
1993/94	Stefan Kuntz	1. FC Kaiserslautern	18
	Anthony Yeboah	Eintracht Frankfurt	18
1994/95	Mario Basler	Werder Bremen	20
	Heiko Herrlich	Borussia Mönchengladbach	20
1995/96	Fredi Bobic	VfB Stuttgart	17
1996/97	Ulf Kirsten	Bayer 04 Leverkusen	22
1997/98	Ulf Kirsten	Bayer 04 Leverkusen	22
1998/99	Michael Preetz	Hertha BSC	23
1999/00	Martin Max	TSV 1860 München	19
2000/01	Sergej Barbarez	Hamburger SV	22
	Ebbe Sand	FC Schalke 04	22
2001/02	Márcio Amoroso	Borussia Dortmund	18
	Martin Max	TSV 1860 München	18
2002/03	Thomas Christiansen	VfL Bochum	21
	Giovane Élber	FC Bayern München	21
2003/04	Aílton	Werder Bremen	28
2004/05	Marek Mintál	1. FC Nürnberg	24
2005/06	Miroslav Klose	Werder Bremen	25
2006/07	Theofanis Gekas	VfL Bochum	20
2007/08	Luca Toni	FC Bayern München	24
2008/09	Grafite	VfL Wolfsburg	28
2009/10	Edin Džeko	VfL Wolfsburg	22
2010/11	Mario Gómez	FC Bayern München	28
2011/12	Klaas-Jan Huntelaar	FC Schalke 04	29
2012/13	Stefan Kießling	Bayer 04 Leverkusen	25
2013/14	Robert Lewandowski	Borussia Dortmund	20
2014/15	Alexander Meier	Eintracht Frankfurt	19
2015/16	Robert Lewandowski	FC Bayern München	30
2016/17	Pierre-Emerick Aubameyang	Borussia Dortmund	31

Der König aller Mittelstürmer: Was wie ein Zepter aussieht, ist in Wirklichkeit eine Zündschnur, die der »Bomber« so oft an den Ball legte wie kein anderer vor oder nach ihm. Völlig egal, wie man die Zahlen dreht und wendet, alle Statistiken sprechen eine mehr als deutliche Sprache. Gerd Müller hat nicht nur die meisten Bundesligatore auf dem Kerbholz, sondern auch die mit Abstand beste Trefferquote aller Angreifer und – praktisch uneinholbar – die meisten Torjägerkanonen in der Vitrine.

Das war knapp: Um Haaresbreite und in buchstäblich allerletzter Sekunde sicherte sich Stefan Kießling 2013 die Torjägerkanone. Lange sah es so aus, als habe Robert Lewandowski den Titel sicher, doch an den Spieltagen 29 bis 33 traf Kießling in jedem Spiel und setzte sich mit einem Tor Vorsprung an die Spitze. Lewandowski traf am letzten Spieltag nach sechs Minuten und egalisierte, Kießling antwortete in der 90. Minute und machte den Sack zu. Da fanden auch seine Mitspieler: Hoch soll er leben, dreimal hoch ...

Sturmduos

Mit dem zweiten trifft man besser – nämlich mit einem Angreifer an seiner Seite, von dem ebenfalls immense Torgefahr ausgeht. Besser als eine Tormaschine ist ein brandgefährliches Sturmduo, das weniger leicht auszurechnen ist als eine einsame Spitze. Ein Blick auf die treffsichersten Zweisamkeiten vor Gegners Kasten …

Kein Sturmduo, trotzdem eines der abschlussstärksten Pärchen der Bundesligageschichte: Paul Breitner (l.) war 1980/81 der Denker und Lenker im bayerischen Mittelfeld, schoss zehn Elfmeter- und sieben sonstige Tore und wurde als Deutschlands Fußballer des Jahres geehrt. Kalle Rummenigge (r.) wurde zum zweiten Mal in Folge Meister und Torschützenkönig der Bundesliga sowie Europas Fußballer des Jahres.

Maurice »Mucki« Banach (l.) und Frank »Otze« Ordenewitz bildeten in der Hinrunde der Saison 1991/92 ein brandgefährliches Sturmduo. Banach hatte in der Halbserie seinen Durchbruch geschafft und zehn Buden gemacht, zuletzt einen Doppelpack beim Heimspiel gegen den rheinischen Rivalen Fortuna Düsseldorf. Am Tag nach der Partie gegen Schalke 04 kam er auf dem Weg zum Training von der Fahrbahn ab, prallte gegen einen Brückenpfeiler und war vermutlich sofort tot.

Robert Lewandowski (l.) und Marco Reus buchten zwischen 2012 und 2014 in zwei Spielzeiten 74 Tore auf ihr Konto, dann wechselte der polnische Stürmer zum FC Bayern und ging fortan auch im Klub in Rot und Weiß auf Torjagd. Seit 2012 war er stets der eine Part des treffsichersten Duos der Bundesliga – an Lewa I. geht kein Weg vorbei.

Die treffsichersten Duos

	Spieler	Saison	Verein	Tore gesamt	Tore pro Spieler
1.	Grafite/Edin Džeko	2008/09	VfL Wolfsburg	54	28/26
2.	Gerd Müller/Uli Hoeneß	1971/72	FC Bayern München	53	40/13
		1972/73	FC Bayern München	53	36/17
4.	Robert Lewandowski/Thomas Müller	2015/16	FC Bayern München	50	30/20
5.	Gerd Müller/Dieter Brenninger	1969/70	FC Bayern München	49	38/11
6.	Bernd Hölzenbein/Rüdiger Wenzel	1976/77	Eintracht Frankfurt	46	26/20
	Karl-Heinz Rummenigge/Paul Breitner	1980/81	FC Bayern München	46	29/17
8.	Uwe Seeler/Charly Dörfel	1963/64	Hamburger SV	45	30/15
	Jupp Heynckes/Allan Simonsen	1974/75	Borussia Mönchengladbach	45	27/18
10.	Dieter Müller/Roger Van Gool	1976/77	1. FC Köln	44	34/10
	Klaas-Jan Huntelaar/Raúl	2011/12	FC Schalke 04	44	29/15

Ivan Klasnić (l.) und Aílton (r.) hatten in der Spielzeit 2003/04 41-mal Gelegenheit abzuklatschen – 28-mal netzte der Brasilianer ein, 13-mal der Kroate. Mehr als die Hälfte aller Werder-Tore gingen damit auf die Kappe des brandgefährlichen Duos, als die Bremer ihren vierten und bis dato letzten Titel errangen.

Nach nackten Zahlen neben Grafite/Džeko und Lewandowski/Müller das beste Sturmduo des neuen Bundesligamillenniums: Raúl González Blanco (r.), der spanische Edelmann im Kohlenpott, feiert sein drittes Tor gegen Werder Bremen zum zwischenzeitlichen 3:0, »Hunter« Klaas-Jan Huntelaar (l.) machte mit dem 5:0 den Deckel drauf, zusammen erzielte das Duo 2011/12 fantastische 44 Tore.

Edin Džeko (l.) und Grafite (r.) ballerten den VfL Wolfsburg 2009 quasi im Alleingang zum Titel: Das perfekt harmonierende Sturmduo zeichnete für 54 Saisontreffer verantwortlich – und ist damit das torgefährlichste der Bundesligageschichte.

Joker

Joker sind keine Torhüter oder Verteidiger und selten Mittelfeldspieler – sie stammen aus der Abteilung Attacke, um den bis dahin lauen Sturmwind zu entfesseln. Wenn nichts mehr geht, kommen die Geheimwaffen ins Spiel, um selbiges zu beleben oder mit der Brechstange das Tor zu erzwingen. Joker sind eine ganz besondere Spezies: sofort auf 180 und mit der ersten Sekunde brandgefährlich.

Die treffsichersten Joker

	Spieler	Meiste Spiele für	Jokertore/ -einsätze	Quote
1.	Nils Petersen	Werder Bremen	19/59	32,2 %
2.	Alexander Zickler	FC Bayern München	18/102	17,6 %
3.	Claudio Pizarro	FC Bayern München	16/117	13,7 %
4.	Hans-Jörg Criens	Borussia Mönchengladbach	14/67	20,9 %
5.	Mehmet Scholl	FC Bayern München	14/123	11,4 %
6.	Robert Lewandowski	Borussia Dortmund	13/30	43,3 %
7.	Günter Thiele	Fortuna Düsseldorf	13/66	19,7 %
8.	Nelson Valdez	Borussia Dortmund	13/83	15,7 %
9.	Frank Ordenewitz	1. FC Köln	13/84	15,5 %
10.	Stefan Kohn	1. FC Köln	13/91	14,3 %

In den ersten drei Spielzeiten der Bundesliga gab es noch keine Einwechslungen. Erst ab der Saison 1967/68 war zunächst ein Wechsel im Verletzungsfall erlaubt. Das erste Jokertor fiel am zweiten Spieltag: In der Partie beim Hamburger SV kam der Kaiserslauterer Gerhard Kentschke nach 75 Minuten für Heinz-Dieter Hasebrink ins Spiel und glich mit dem Schlusspfiff zum 1:1-Endstand aus.

Auf den Platz und rein das Ding: Uwe Wassmer kam am 22. September 1996 beim Auswärtsspiel in Leverkusen in der 85. Minute für den SC Freiburg ins Spiel. 13 Sekunden nach seiner Einwechslung traf er zum 3:5, das allerdings Makulatur blieb. Schneller hat seither kein Joker gestochen.

Mehr Joker geht nicht: Mehmet Scholl (l.) ist der am häufigsten eingewechselte Spieler der Geschichte, Alexander Zickler (r.) mit 18 Treffern von der Bank der zweittreffsicherste Joker der Liga. Trotzdem dürften beide auf das Thema nicht gut zu sprechen sein, denn 1999 verloren sie das Endspiel der Champions League gegen Manchester United durch zwei Tore von der Bank in buchstäblich allerletzter Sekunde.

16. April 2016: Als sich Stürmer Chicharito verletzte, kam Kevin Kampl, gerade von einem Wadenbeinbruch genesen, unverhofft nach 70 Minuten gegen Eintracht Frankfurt zum Einsatz. Er war rund eine halbe Minute auf dem Platz, der Ball keine fünf Sekunden im Spiel, als der Deutsch-Slowene das Leder volley in den Maschen versenkte – ein Blitzeinschlag zum 1:0, dem die Leverkusener zwei weitere folgen ließen und 3:0 gewannen.

Der Superjoker: Nils Petersen jubelte 2011 über sein erstes Jokertor in der Bundesliga, seinerzeit im Trikot des FC Bayern. Nach drei Toren von der Bank für Werder Bremen wurde er beim SC Freiburg zum König der Einwechselstürmer. In seiner ersten Partie für die Breisgau-Brasilianer empfahl er sich mit gigantischen drei Jokertoren – und hat sich seither in Windeseile zum treffsichersten Bankdrücker der Liga entwickelt: 2016/17 machte er zehn Tore, sagenhafte neun von der Ersatzbank.

Schnell geschaltet: Miloš Jojić hatte noch keine Erstligasekunde für Borussia Dortmund gespielt, dann reichten ihm am 15. Februar 2014 gegen Eintracht Frankfurt 17 Sekunden, um den Ball in den Maschen unterzubringen. Kevin Großkreutz schoss, Kevin Trapp wehrte unglücklich ab und Jojić machte mit seinem ersten Ballkontakt in der Bundesliga sein erstes Tor. Wenn das kein Einstand ist!

Mindestens 100 Einsätze als Joker

	Spieler	Meiste Spiele für	Bundesligapartien	Einwechslungen
1.	Mehmet Scholl	FC Bayern München	392	123
2.	Mike Hanke	Borussia Mönchengladbach	284	122
3.	Claudio Pizarro	SV Werder Bremen	430	117
4.	Andreas Neuendorf	Hertha BSC	198	115
5.	Steffen Baumgart	Hansa Rostock	224	109
6.	Heiko Herrlich	Borussia Dortmund	268	108
7.	Vahid Hashemian	VfL Bochum	208	106
8.	Alexander Zickler	FC Bayern München	232	102

Jugend forsch

Früh übt sich, wer ein Meister werden will – und erst recht, wer Bundesligameister werden will. Als Jungbrunnen der obersten deutschen Spielklasse galt einst die »Fohlenelf« von Borussia Mönchengladbach. Wirklich richtig grün hinter den Ohren waren jedoch andere: Im Trikot von Schalke 04 steckten die jüngsten Mannschaften, im Dress von Borussia Dortmund die jüngsten Scharfschützen der Ligageschichte.

Schusshaltung wie aus dem Lehrbuch: Bernd Cullmann (r.) schaut dem Schuss von Klaus Allofs (l.) ehrfürchtig hinterher. Fortuna Düsseldorfs Goalgetter Allofs gewann 1979 mit 22 Jahren und ebenso vielen Treffern die Torjägerkanone – jünger, nämlich 21 Jahre, war nur Gerd Müller 1967. Als Allofs 1985 im Trikot des 1. FC Köln 26 Buden machte, war er der erste Spieler, der bei zwei Vereinen Torschützenkönig wurde.

Brandgefährliche Dortmunder Schnuller-Fraktion: Dreizehn Spieler haben bis dato vor dem Erreichen der Volljährigkeit in der Bundesliga getroffen. Sechs trugen das Trikot des BVB: Ralf Augustin machte 1978 den Anfang, dann folgten Lars Ricken, Ibrahim Tanko, Marc Kruska und Nuri Şahin. Der bis dato Letzte aus der gelb-schwarzen Krabbel- und Knallergruppe ist Christian Pulisic (Foto), der am 17. April 2016 die Führung beim 3:0 gegen den HSV besorgte.

Altmeister und Jungspund: Klaus Fischer (l., *1949) und Wolfram Wuttke (r., *1961) tauschen sich über die Frage aus, wohin sich wohl der Rasen des Gelsenkirchener Parkstadions aus dem Staub, will sagen Matsch gemacht hat. Enfant terrible Wuttke ist mit 17 Jahren und 337 Tagen nicht nur einer der jüngsten Torschützen der Liga, sondern stand 1980 gleich zweimal in einer durchschnittlich 22,1 Jahre alten Startelf. Die Knappen egalisierten damit ihren eigenen Rekord: Bereits 1972 waren die Schalker zweimal mit demselben Altersschnitt aufgelaufen.

Die jüngsten Torschützen

	Spieler	Datum	Verein	Alter
1.	Nuri Şahin	26.11.2005	Borussia Dortmund	17 Jahre 2 Monate 21 Tage
2.	Julian Draxler	01.04.2011	FC Schalke 04	17 Jahre 6 Monate 12 Tage
3.	Timo Werner	22.09.2013	VfB Stuttgart	17 Jahre 6 Monate 16 Tage
4.	Christian Pulisic	17.04.2016	Borussia Dortmund	17 Jahre 6 Monate 30 Tage
5.	Lars Ricken	11.03.1994	Borussia Dortmund	17 Jahre 8 Monate 1 Tag

Juniorchef: Am ersten Spieltag seiner ersten Saison als Profi übernahm der 18-jährige Julian Weigl das Kapitänsamt bei 1860 München. Nur zwei Spiele und eine durchzechte Partynacht später war er die Binde wieder los und musste zum Straftraining antreten. Danach ging es aber nur noch aufwärts: Der Jungstar wechselte zu Borussia Dortmund, setzte sich im gelb-schwarzen Starensemble sofort durch, trug bald auch das Trikot der Nationalelf und übertrumpfte mal eben so Xabi Alonsos Rekord für die meisten Ballkontakte in einem Bundesligaspiel.

Jüngste eingesetzte Spieler

	Spieler	Datum	Verein	Alter
1.	Nuri Şahin	06.08.2005	Borussia Dortmund	16 Jahre 11 Monate 1 Tag
2.	Jürgen Friedl	20.03.1976	Eintracht Frankfurt	17 Jahre 26 Tage
3.	Ibrahim Tanko	24.09.1994	Borussia Dortmund	17 Jahre 1 Monat 30 Tage
4.	Julian Draxler	15.01.2011	FC Schalke 04	17 Jahre 3 Monate 26 Tage
5.	Marc Stendera	06.04.2013	Eintracht Frankfurt	17 Jahre 3 Monate 27 Tage

Kann eins und eins zusammenzählen: Zwei Tore, wir brauchen zwei Tore, zeigt Julian Nagelsmann korrekt an. Doch es bleibt bei seinem Debüt an der Seitenlinie der TSG 1899 Hoffenheim beim 1:1 gegen Werder Bremen. Mit 28 Jahren und 205 Tagen ist der Benjamin unter den Bundesligadompteuren der jüngste »echte« Trainer der Ligageschichte – Bernd Stöber saß 1976 als Interimscoach nur während einer Partie auf der Trainerbank.

Die jüngsten Trainer

	Trainer	Datum	Verein	Alter
1.	Bernd Stöber	23.10.1976	1.FC Saarbrücken	24 Jahre 1 Monat 17 Tage
2.	Julian Nagelsmann	13.02.2016	TSG 1899 Hoffenheim	28 Jahre 6 Monate 21 Tage
3.	Karl-Heinz Mülhausen	17.02.1968	Hannover 96	30 Jahre 7 Monate 30 Tage
4.	Klaus-Dieter Ochs	15.08.1970	Hamburger SV	30 Jahre 9 Monate 15 Tage
5.	Helmut Schulte	23.07.1988	FC St. Pauli	30 Jahre 10 Monate 9 Tage

Legendäre Ausländer

Nur sechs ausländische Spieler standen in der ersten Bundesligasaison bei 16 Bundesligisten unter Vertrag. Seither steigen die Zahlen kontinuierlich und seit der Bosman-Entscheidung von 1995, mit der die Ausländerbeschränkungen fielen, immer rasanter – auf inzwischen über 250. Viele kamen und gingen, andere haben das Gesicht der Bundesliga maßgeblich geprägt und sich in die Geschichte des deutschen Fußballs eingebrannt.

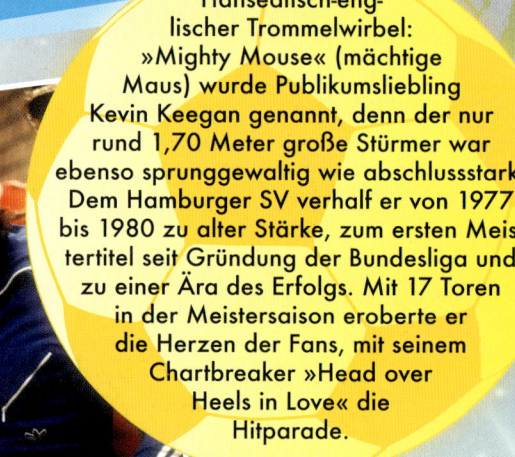

Hanseatisch-englischer Trommelwirbel: »Mighty Mouse« (mächtige Maus) wurde Publikumsliebling Kevin Keegan genannt, denn der nur rund 1,70 Meter große Stürmer war ebenso sprunggewaltig wie abschlussstark. Dem Hamburger SV verhalf er von 1977 bis 1980 zu alter Stärke, zum ersten Meistertitel seit Gründung der Bundesliga und zu einer Ära des Erfolgs. Mit 17 Toren in der Meistersaison eroberte er die Herzen der Fans, mit seinem Chartbreaker »Head over Heels in Love« die Hitparade.

Willi, das Kampfschwein: Marc Wilmots passte zu Schalke 04 wie die Faust aufs Auge. Der Belgier rackerte von der ersten Minute an unermüdlich und gab nie auf, so aussichtslos konnte die Lage gar nicht sein. Solche Typen liebt man im Ruhrpott im Allgemeinen und beim königsblauen Arbeiterverein im Besonderen – und spätestens seit der Anführer der Euro-Fighter den UEFA-Pokal nach Gelsenkirchen entführte, ist der nimmermüde Racker eine ewige Vereinslegende.

26. August 1963 – ganze vier ausländische Spieler standen am ersten Spieltag der ersten Bundesligasaison auf dem Platz: die Niederländer Jacobus Prins (1. FC Kaiserslautern) und Heinz Versteeg (Meidericher SV), der Österreicher Wilhelm Huberts (Eintracht Frankfurt) und Petar Radenković (TSV 1860 München). Der jugoslawische Kultkeeper glänzte nicht nur mit spektakulären Paraden, sondern auch als Sangeskünstler: Sein Ohrwurm »Bin i Radi, bin i König« erreichte 1965 Platz 5 der deutschen Charts.

Raúl González Blanco ist gerührt – zur Begrüßung »auf Schalke« bekommt der Galaktisch-Königliche im Juli 2010 ein echtes Stück Ruhrpottkohle in die Hand gedrückt. Der spanische Edelmann und der Bergarbeiterklub aus dem Revier – eine nie für möglich gehaltene Liaison, die aber reiche Früchte trug: 2011 stießen die Königsblauen mit Raúl ins Halbfinale der Königsklasse vor und gewannen den DFB-Pokal, 2012 wurden sie Dritter der Bundesliga.

Der Kugelblitz: Die brasilianische Wunderwaffe Aílton kam bei Werder Bremen nicht sofort ins Rollen, explodierte dann aber umso gewaltiger. 2004 wurde er mit 28 Treffern Torschützenkönig und – als erster Ausländer überhaupt – Deutschlands Fußballer des Jahres. Zu seinen Spezialdisziplinen gehörten Eskapaden, Diäten und Comebacks, unvergesslich wird er jedoch wegen seiner einprägsamen Fußball-Aphorismen bleiben: »Ein Schuss. Ein Tor. Das Aílton!«

Toni, lass es polstern! 1993 kam Anton Polster aus Spanien zum 1. FC Köln – und wurde prompt zum Publikumsliebling der rheinischen Schunkelgemeinde. Mit seinem Wiener Schmäh und seiner freudestrahlenden Art (»Ich bin Optimist, sogar meine Blutgruppe ist positiv.«) spielte er sich in die Herzen der Domstädter – und natürlich mit Toren am laufenden Band. Ein Treffer kam bei ihm selten allein und bald wurde er als »Toni Doppelpack« ligaweit gefürchtet.

Ballermänner und Dauer-brenner aus aller Welt

Viele Spieler aus aller Welt kommen – und gehen schnell wieder. Andere sind gekommen, um zu bleiben. Keine Fußballnomaden, die heute hier, morgen dort gastieren und ewig aus dem Koffer leben, sondern Spieler, die heimisch wurden. Spieler, die den Großteil ihrer Karriere in der Bundesliga verbracht, Hunderte Spiele auf dem Buckel und Tore ohne Ende auf dem Kerbholz haben.

Das magische Dreieck: Zwei Spielzeiten lang zauberten der Brasilianer Giovane Élber, der Bulgare Krassimir Balakow und Fredi Bobic, waschechter Schwabe mit slowenisch-kroatischen Wurzeln, um die Wette. Mit spektakulären Ballstafetten und traumhaften Toren stellte das Trio 1995 bis 1997 die Liga auf den Kopf. Élber wechselte zu den Bayern und war zwischenzeitlich der erfolgreichste ausländische Schütze der Bundesligageschichte.

Und wieder macht es »Tscha-Bum«: 46-mal traf der Südkoreaner Cha Bum-kun zwischen 1979 und 1983 für Eintracht Frankfurt, 52-mal zwischen 1983 und 1989 für Bayer 04 Leverkusen. Sein 1980 in Frankfurt geborener Sohn Cha Du-ri bestritt zwischen 2002 und 2012 125 Spiele in der ersten Bundesliga für Arminia Bielefeld, Eintracht Frankfurt, 1. FSV Mainz 05, SC Freiburg und Fortuna Düsseldorf.

Für immer schwarz-gelb: Mit 20 Jahren und als hoffnungsvolles Talent kam Leonardo de Deus Santos alias Dedê 1998 nach Dortmund. Nach 13 Jahren und 322 Bundesligaspielen ging für ihn, inzwischen längst eine Vereinslegende, das Kapitel BVB zu Ende. Aber nicht so ganz, denn 2015 standen 80 000 im Westfalenstadion Spalier, als er nach seinem Abschiedsspiel erklärte: »Wenn ich eines Tages sterbe, dann soll auf meinem Sarg eine Fahne von Borussia Dortmund liegen.«

In der ersten Hälfte der 1990er-Jahre gehörte die Eintracht aus Frankreich zur Crème de la Crème der Bundesliga. Tony Yeboah wurde 1993 und 1994 Torschützenkönig der Liga und führte mit Spielern wie Manfred Binz, Jay-Jay Okocha, Uwe Bein, Maurizio Gaudino und Andreas Möller ganz großes Tennis auf, das als »Fußball 2000« in die Geschichte einging.

20. April 2002: Zé Roberto (l.) hat soeben den Ausgleich gegen Werder Bremen geschossen und hält Bayer Leverkusen damit, sehr zur Freude von Michael Ballack (r.), im Titelrennen. Doch Bayer verliert nicht nur die Partie, sondern auch Meisterschaft, Pokal sowie Champions League und wird dreifach Zweiter. Der Brasilianer ging danach zum FC Bayern, wurde viermal deutscher Meister und ist mit 336 Bundesligaspielen die Nummer vier unter den ausländischen Dauerbrennern.

Macht hoch das Trikot, das T-Shirt macht weit: Kein anderer ausländischer Spieler hatte öfter Grund zum Jubeln als Claudio Pizarro, kein anderer stand so oft auf Bundesligarasen wie der Peruaner. Mit 104 Treffern ist er Rekordtorschütze von Werder Bremen, alle sechs Meistertitel holte er allerdings mit dem FC Bayern.

Top Ten der ausländischen Torschützen

	Name	Land	Meiste Spiele für	Tore	Spiele
1.	Claudio Pizarro	Peru	FC Bayern München	191	430
2.	Robert Lewandowski	Polen	Borussia Dortmund	151	227
3.	Giovane Élber	Brasilien	FC Bayern München	133	260
4.	Aílton	Brasilien	Werder Bremen	106	219
	Stéphane Chapuisat	Schweiz	Borussia Dortmund	106	228
6.	Vedad Ibišević	Bosnien-Herzegowina	TSG 1899 Hoffenheim	104	260
7.	Cha Bum-kun	Südkorea	Bayer 04 Leverkusen	98	308
8.	Anthony Yeboah	Ghana	Eintracht Frankfurt	96	223
	Sergej Barbarez	Bosnien-Herzegowina	Hamburger SV	96	330
10.	Willi Lippens	Niederlande	Rot-Weiss Essen	92	242

Ausländische Spieler mit den meisten Bundesligaeinsätzen

	Name	Land	Meiste Einsätze für	Spiele	Zeitraum
1.	Claudio Pizarro	Peru	FC Bayern München	430	seit 1999
2.	Halil Altıntop	Türkei	Schalke 04	351	seit 2003
	Levan Kobiashvili	Georgien	Schalke 04	351	1998–2014
4.	Zé Roberto	Brasilien	FC Bayern München	336	1998–2011
5.	Sergej Barbarez	Bosnien-Herzegowina	Hamburger SV	330	1992–2008
6.	Ole Bjørnmose	Dänemark	Hamburger SV	323	1966–1977
7.	Dedê	Brasilien	Borussia Dortmund	322	1998–2011
8.	Hasan Salihamidžić	Bosnien-Herzegowina	FC Bayern München	321	1995–2012
9.	David Jarolím	Tschechien	Hamburger SV	318	1997–2012
10.	Naldo	Brasilien	Werder Bremen	317	seit 2005

Jubelarien

Nach dem Tor ist vor dem Jubel. Und wenn die Begeisterungsstürme aufbranden, ist erlaubt, was gefällt (und was der Schiedsrichter durchgehen lässt). Von der Faust bis zur Säge, vom Pistolero bis zum Bogenschützen, vom Herzchenformer bis zum Eheringküsser, vom Daumenlutscher bis zum Babyschaukler reicht das kleine Einmaleins der Jubelarien. So mancher Bundesligaprofi schaut jedoch auch mal tiefer ins Kreativtöpfchen und lässt sich mächtig was einfallen ...

Schwarzgelbe Superhelden: Batman und Robin alias Pierre-Emerick Aubameyang (l.) und Marco Reus (r.) können wieder lachen. Nach einer katastrophalen Hinrunde 2014/15, in der der Meisterschaftskandidat ganz tief im Abstiegssumpf steckte, ging es nach der Winterpause doch noch halbwegs steil bergauf. Im Derby gegen Schalke 04 brach »Batman« Aubameyang in der 78. Minute den Bann, während »Robin« Reus acht Minuten später mit dem 3:0 den Triumph komplett machte.

Schmeckt wie 'ne alte Schuhsohle – kein Wunder, ist ja auch eine. In seiner ersten Bundesligapartie für den Hamburger SV trifft Roy Präger am 14. August 1999 gleich ins Schwarze. Sechs Minuten vor dem Schlusspfiff schießt er die Hanseaten gegen Meister Bayern München in Front und beißt ins Gras, nein, Leder. Zwar gelingt Giovane Élber mit dem Schlusspfiff noch der Ausgleich, trotzdem setzt sich der HSV am dritten Spieltag an die Tabellenspitze und wird letztendlich guter Dritter.

Nach Hause telefonieren: L.T. – der Außerirdische – schraubt sich am Ohr, um eine bessere Verbindung nach Bella Italia zu bekommen. Luca Toni selbst gab an, sein Jubel bedeute so viel wie »Avete capito«, also »Habt ihr das gesehen? Habt ihr das verstanden?«. Vielleicht stellte der italienische Mittelstürmer mit seinem Ohrschrauber aber auch die Stadionlautstärke hoch, um den aufbrandenden Applaus besser hören zu können ...

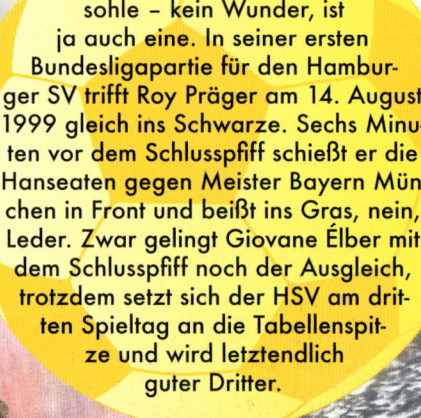

Bockstark:
Anthony Ujah
nimmt Ihre Majestät, Hennes VIII., am 8. März 2015
bei den Hörnern und das ganze
Müngersdorfer Stadion dreht durch.
Nach dem 4:1 durch den nigerianischen Stürmer kurz vor Schluss ist den
Geißböcken weder der Sieg gegen
Eintracht Frankfurt noch der Klassenerhalt zu nehmen. Seit 2008 ist
Hennes VIII. in Amt und Würden,
aber so etwas hatte er auch
noch nicht erlebt …

Erst Batman und Robin, jetzt
Spiderman? Nein, Änis Ben-Hatira
wollte nicht in die Fußstapfen von
Pierre-Emerick Aubameyang und
Marco Reus treten und sich in die
Riege der Superhelden einreihen.
Vielmehr hatte der Hertha-Stürmer
einem Einlaufkind, das an Krebs erkrankt war und die Chemotherapie
gerade hinter sich hatte, versprochen, die Maske aufzuziehen, falls
er gegen Schalke 04 treffen sollte.
Und das tat er – aus freilich wichtigeren als fußballerischen Gründen.

Was für ein
Einstand! In seinem ersten Spiel im Bayern-Trikot legt
Miroslav Klose am 11. August 2007
das 1:0 für Luca Toni vor und schnürt
anschließend seinen ersten bayerischen
Doppelpack zum 3:0-Endstand gegen Hansa
Rostock. Aus gegebenem Anlass gibt der
Jahrhundertstürmer gleich einmal den Klose-
Salto, sein Markenzeichen, zum Besten. Die
Bayern übernehmen sofort die Tabellenführung und geben sie bis zum 34. Spieltag nicht mehr her – die erste von
zwei deutschen Meisterschaften für
den Rekordtorschützen der
Nationalmannschaft.

Gutes Spiel!
Magische Momente aus einem halben Jahrhundert

»Gutes Spiel!«, wünschen sich vor jeder Partie reihum die beiden Mannschaftskapitäne und der Schiedsrichter. Oft bleibt es beim frommen Wunsch, die Partie plätschert vor sich hin und die Zuschauer blicken mehr auf die Uhr als aufs Spielfeld. Aber manchmal hat der Fußballgott einfach gute Laune. Und lässt es richtig krachen …

24. April 1982: Mehr als zweieinhalb Jahre hatte der FC Bayern zu Hause nicht mehr verloren, und auch gegen den HSV deutete zunächst nichts darauf hin, dass sich das ändern sollte. Nach zwei Toren von Dieter Hoeneß führten die Münchner Mitte der zweiten Halbzeit 3:1, doch dann gelang Youngster Thomas von Heesen mit einem Solo der Anschlusstreffer, und in der Folge walzte Horst Hrubesch alles nieder, was sich ihm in den Weg stellte, schoss das 3:3 und köpfte mit dem Schlusspfiff das 4:3 – und die Nordlichter wurden Meister.

20. Oktober 1973: Seppl Pirrung (M.) luchst Bulle Roth (l.) kurz vor der Pause den Ball ab und lässt Sepp Maier keine Chance, Katsche Schwarzenbeck kann nur zuschauen – der Anschlusstreffer des FCK zum 1:3 gegen Bayern München. Als – wer sonst? – Gerd Müller nach knapp einer Stunde den alten Drei-Tore-Vorsprung wiederherstellt, gibt niemand mehr einen Pfifferling auf die Lauterer. Doch jetzt fängt die Bundesligapartie aller Bundesligapartien erst richtig an, und die Roten Teufel stechen ein halbes Dutzend Mal ins Bayern-Herz. 7:4 – selten hat der Betze so gebebt.

29. Mai 1999: Im verrücktesten Abstiegsfinale der Bundesligageschichte waren am 34. Spieltag noch fünf Mannschaften in der Verlosung um Platz 16. 4:1 führte Eintracht Frankfurt in der Schlussminute gegen den 1. FC Kaiserslautern, brauchte aber noch ein fünftes Tor zum Sprung ans rettende Ufer. Jan Åge Fjørtoft nahm sein Herz in die Hand und machte nach einem irren Übersteiger den Wahnsinn perfekt – und der 1. FC Nürnberg musste den bitteren Gang in Liga zwei antreten.

12. September 2015: Was für ein Comeback! In der Vorsaison fehlte Alex Meier (M.) der Eintracht wegen einer Patellasehnen-OP und wurde trotzdem Torschützenkönig. Auch die drei ersten Partien der neuen Saison verpasste der Goalgetter, um dann gegen den 1. FC Köln loszulegen wie die Feuerwehr. Nach vier Minuten traf er zum ersten Mal, nach 87 zum dritten Mal, als die Eintracht den FC mit 6:2 aus dem Waldstadion fegte.

28. März 2004: Die Partie Dritter gegen Erster wurde ein echtes Spitzenspiel. Unaufhörlich wogte das Spiel hin und her, die Gäste aus Bremen spielten ihre Sturm-Trümpfe Aílton und Ivan Klasnić jeweils doppelt aus, zum Mann des Spiels wurde allerdings Marcelo Bordon. Die Abwehrkante machte das 1:0 mit einem gewaltigen Kopfball aus dem Getümmel, das 2:1 und das 3:3 mit noch gewaltigeren Freistoßknallern. Unter dem Strich stand ein salomonisches 4:4, Bremen wurde Meister, Stuttgart kam ins internationale Geschäft.

29. August 2010: Neun Tore, ein einziges Offensivfeuerwerk und eine fantastisch konternde Gladbacher Elf sahen die Zuschauer am zweiten Spieltag der Saison in Leverkusen. Bester Mann auf dem Platz war Youngster Patrick Herrmann, der in seinem 15. Bundesligaspiel erstmals doppelt traf, als seine Borussia die Bayer-Elf mit 6:3 ausknockte.

Gutes Spiel!
Magische Momente aus einem halben Jahrhundert

11. September 1965: Die Zuschauer am Gladbacher Bökelberg rasten aus. Nachdem die Gäste aus Dortmund bereits zweimal in Führung gegangen waren, dreht Günter Netzer die Partie und erzielt per Freistoß das 3:2. Doch wer zuletzt lacht, lacht am besten: Nur sechs Minuten später führt schon wieder die schwarz-gelbe Borussia und die Ereignisse überschlagen sich: Die Fohlen gleichen postwendend aus, Lothar Emmerich antwortet mit seinem dritten Tor zum 5:4 für den BVB. Und fast wäre auch das noch nicht das Ende der Fahnenstange gewesen, doch Fohlen-Libero Egon Milder setzt den sage und schreibe fünften Elfmeter des Tages (Bundesligarekord) an die Latte.

6. Februar 2002: Im Freudenhaus der Liga ist die Hölle los. St. Pauli drängt den frischgebackenen Weltpokalsieger Bayern München mit einer unglaublichen kämpferischen Leistung in der ersten Halbzeit tief in die eigene Hälfte. Spielmacher Thomas Meggle dirigiert, Marcel Rath legt vor und Nico Patschinski (r.) trifft nach 33 Minuten zum 2:0. Der Rekordmeister schafft in Halbzeit zwei nur noch den Anschlusstreffer und die Paulianer erklären sich selbst zum »Weltpokalsiegerbesieger«.

9. März 2013: Das Duell zwischen Schalke 04 und Borussia Dortmund ist die Mutter aller deutschen Derbys. Nicht immer halten die Partien zwischen »Herne-West« und »Lüdenscheid-Nord«, was sich die blau-weißen und schwarz-gelben Fans davon versprechen, doch das 82. Revierderby der Bundesligageschichte bot alles, was das Fußballherz begehrt: Tempo und Leidenschaft, Rasse und Klasse, Torszenen hüben und drüben. Julian Draxler schoss nicht nur das 1:0, sondern war bester Mann auf dem Platz, als die Knappen mit 2:1 die Oberhand behielten.

27. September 2008: In einem atemberaubenden Schlagabtausch hatte Claudio Pizarro (l.) die 2:1-Führung geschossen und Aaron Hunt (r.) mit dem 4:1 nach einer halben Stunde eigentlich schon alles klargemacht. Damit fing der Wahnsinn an der Weser aber erst so richtig an und nach gut 70 Minuten glich 1899 Hoffenheim zum 4:4 aus. Doch das letzte Wort gehörte Mesut Özil, der mit einem strammen Linksschuss seinen ersten Bundesligadoppelpack und den 5:4-Endstand perfekt machte.

30. März 2012: »Schieber! Schieber! Schieber!«, hallte es aus dem Gästeblock, aber damit war ausnahmsweise nicht der Mann in Schwarz gemeint. 2:0 führte der BVB im Westfalenstadion nach 70 Minuten in einer rasanten Partie, die jetzt aber erst so richtig explodierte. In der 77. Minute umkurvte Julian Schieber (v.) Keeper Roman Weidenfeller (l.) und schob aus spitzem Winkel ein, keine zwei Minuten später war der Stürmer erneut zur Stelle und besorgte das 2:3. Mats Hummels und Ivan Perišić drehten das Spiel erneut und Christian Gentner setzte mit dem 4:4 tief in der Nachspielzeit den Schlussakkord.

15. April 2017: In der Rhein-Neckar-Arena trafen mit der TSG 1899 Hoffenheim, die sich unter Jungtrainer Julian Nagelsmann binnen kürzester Zeit vom Abstiegskandidaten zum Champions-League-Aspiranten gemausert hatte, und Borussia Mönchengladbach, das zuletzt zweimal in Folge in die europäische Königsklasse vorgestoßen war, zwei extrem offensive Mannschaften aufeinander. In einem Spektakel mit Chancen im Minutentakt schepperte es »nur« achtmal im Karton, Kerem Demirbay (l.) und Ádám Szalai (r.) trafen je zweimal, als die Kraichgauer mit 5:3 das glücklichere Ende für sich hatten.

Meisterschafts-dramen

Lang, lang ist's her: Seit 2007, als Stuttgart am letzten Spieltag taumelte, aber nicht fiel, will sich bezüglich der Meisterfrage so recht keine Spannung mehr einstellen. Zu dominant ist Bayern München seither, und auch der VfL Wolfsburg und Borussia Dortmund beseitigten vorzeitig alle Zweifel. Ein Lob auf die guten alten Zeiten, als sich noch in allerletzter Sekunde Dramen abspielten, die jeder Beschreibung spotten und in denen die einen durchs Fegefeuer mussten und die anderen in den siebten Himmel katapultiert wurden!

22. April 1986: 88 Minuten war das direkte Duell von Werder Bremen gegen Verfolger Bayern München am 33. Spieltag torlos geblieben, als Schiedsrichter Volker Roth nach einem vermeintlichen Handspiel von Søren Lerby auf den Punkt zeigte. Es folgte der wohl berühmteste Elfmeter der Bundesligageschichte: Noch nie hatte Michael Kutzop vom Punkt verschossen – und nun die Meisterschaft auf dem Fuß. Doch das Leder prallte an den Pfosten und ins Aus, und aus und vorbei war es auch mit dem Titel, den sich Bayern dann am letzten Spieltag über die Tordifferenz sicherte, weil Werder – schon wieder – die Nerven versagten.

5. Juni 1971: Knapper geht nimmer – nur ein Törchen lag Titelverteidiger Gladbach hinter Herausforderer Bayern. Doch während sich die Münchner beim MSV Duisburg mit 0:2 blamierten, zerlegten die Fohlen Eintracht Frankfurt im Waldstadion mit 4:1. Regisseur Günter Netzer eröffnete den Torreigen, Stürmer Jupp Heynckes beseitigte mit einem Doppelschlag letzte Unklarheiten – die erste Titelverteidigung seit Gründung der Bundesliga.

Saison 1985/86
Tabelle vor dem vorletzten Spieltag

	Verein	Tordifferenz	Punkte
1.	SV Werder Bremen	+43	48:16
2.	FC Bayern München	+45	46:18

Saison 1970/71
Tabelle vor dem letzten Spieltag

	Verein	Tordifferenz	Punkte
1.	FC Bayern München	+40	48:18
2.	Borussia Mönchengladbach	+39	48:18

16. Mai 1992: Gleich drei Mannschaften konnten sich in einem wahren Herzschlagfinale noch Hoffnungen auf den Titel machen. Allein die Eintracht aus Frankfurt hatte es selbst in der Hand, doch der launischen Diva versagten bei Absteiger Hansa Rostock die Nerven (1:2). Bis kurz vor Schluss war Borussia Dortmund (1:0 beim MSV Duisburg) Meister, doch in der 88. Minute schraubte sich Guido Buchwald in die Höhe, versenkte den Ball im rechten unteren Eck – das 2:1 für den VfB Stuttgart in Leverkusen und der sensationelle Titelgewinn für die Schwaben in einem an Dramatik nicht zu überbietenden Saisonfinale.

17. Juni 1995: König Otto von der Weser spendet den versammelten Fotografen seinen Segen. In seinem letzten Spiel an der Bremer Seitenlinie, wo er 14 Jahre lang eine Ära geprägt hatte, ging es ausgerechnet gegen seinen neuen Arbeitgeber Bayern München. Und mehr als das, Werder musste unbedingt gewinnen, um die Meisterschaft klarzumachen. Doch drei Vorlagen von Mehmet Scholl und zwei Tore von Alexander Zickler verdarben die Abschiedsparty, Dortmund gewann gegen den HSV und wurde auf der Zielgeraden Meister.

27. April 2002: Am 32. Spieltag hatte Bayer Leverkusen gegen Werder Bremen verloren, am 33. folgte die bittere Niederlage bei Abstiegskandidat 1. FC Nürnberg. Damit war der Weg frei für Borussia Dortmund, das mit dem HSV ein hochdramatisches Duell ausfocht: Márcio Amoroso wurde zum Matchwinner und Meistermacher in Schwarz-Gelb, als er nicht nur zwei Tore beim 4:3-Sieg selbst machte, sondern in einem Spiel der Extraklasse stets mittendrin statt nur dabei war.

Saison 1991/92
Tabelle vor dem letzten Spieltag

	Verein	Tordifferenz	Punkte
1.	Eintracht Frankfurt	+36	50:24
2.	VfB Stuttgart	+29	50:24
3.	Borussia Dortmund	+18	50:24

Saison 1994/95
Tabelle vor dem letzten Spieltag

	Verein	Tordifferenz	Punkte
1.	SV Werder Bremen	+33	48:18
2.	Borussia Dortmund	+32	47:19

Saison 2001/02
Tabelle vor dem vorletzten Spieltag

	Verein	Tordifferenz	Punkte
1.	Bayer 04 Leverkusen	+39	66
2.	Borussia Dortmund	+27	64

Meisterschafts-dramen

19. Mai 2007: Am vorletzten Spieltag hatte Schalke 04 das Derby gegen Borussia Dortmund verloren und der VfB Stuttgart die Tabellenführung übernommen. Als Energie Cottbus am letzten Spieltag im Neckarstadion in Führung ging, stand plötzlich wieder alles auf Messers Schneide. Mit einem traumhaften Volley aus gut 20 Metern brachte Thomas Hitzlsperger (l.) die Schwaben zurück ins Titelrennen, per Kopf machte Nachwuchshoffnung Sami Khedira (r.) in seinem erst 22. Bundesligaspiel die Meisterschaft perfekt.

Saison 1971/72
Tabelle vor dem letzten Spieltag

	Verein	Tordifferenz	Punkte
1.	FC Bayern München	+59	53:13
2.	FC Schalke 04	+45	52:14

Saison 1999/2000
Tabelle vor dem letzten Spieltag

	Verein	Tordifferenz	Punkte
1.	Bayer 04 Leverkusen	+40	73
2.	FC Bayern München	+43	70

28. Juni 1972: Das Premierenspiel im nagelneuen Münchner Olympiastadion ist ein echtes Endspiel um die Meisterschaft. Bayern benötigt »nur« ein Unentschieden, während Schalke unbedingt gewinnen muss. Doch die Platzhirsche weihen ihr neues Wohnzimmer mit einer Galavorstellung ein und lassen keine Zweifel aufkommen. Johnny Hansen (halb vom Pfosten verdeckt) köpft nach einer halben Stunde das 1:0, Franz Beckenbauer gelingt mit dem Schlusspfiff das 5:1.

20. Mai 2000: Bayer 04 Leverkusen war schon Meister. Fast jedenfalls. Doch dann wachte Michael Ballack im falschen Film auf. Nach 20 Minuten unterlief ihm ein mehr als unglückliches Eigentor, infolgedessen die gesamte Bayer-Elf, die 33 Spieltage lang glanzvoll gezaubert hatte, von Lähmungserscheinungen, Versagensängsten und Kopflosigkeiten befallen wurde. Nichts ging mehr, Unterhaching konterte geschickt und legte das 2:0 nach, während Bayern München ungefährdet siegte und die Meisterschaft stibitzte.

19. Mai 2001: Nie herzten sich zwei Meister inniger! Gerald Asamoah (o.) hatte per Hackentrick das 2:2 gegen die SpVgg Unterhaching gemacht, Ebbe Sand (u.) in der 89. Minute mit einem Abstauber den Schlussakkord zum 5:3 gesetzt. Als auf der Anzeigetafel das 1:0 durch Sergej Barbarez in der 90. Minute für den HSV gegen die Bayern aufscheint, wird das Parkstadion zum Tollhaus. Die achte Meisterschaft und der erste Titel für die Knappen seit Gründung der Bundesliga scheint perfekt ...

Der Moment der Ekstase: Als Torwart Mathias Schober, der von Schalke an den HSV ausgeliehen war, einen Ball vom eigenen Mann mit den Händen aufnahm, entschied Schiedsrichter Markus Merk in der dritten Minute der Nachspielzeit auf Rückpass und indirekten Freistoß. Patrik Andersson zwang das Leder aus acht Metern mit Gewalt durch die Mauer – und die Dusel-Bayern hatten sich mit der letzten Ballberührung der Saison wieder einmal am eigenen Schopf aus dem Sumpf gezogen.

Saison 2000/01
Tabelle vor dem letzten Spieltag

	Verein	Tordifferenz	Punkte
1.	FC Bayern München	+25	62
2.	FC Schalke 04	+28	59

Der Moment der Wahrheit: Rudi Assauer hat soeben reinen Wein eingeschenkt bekommen und verliert von einer Sekunde zur anderen seinen Glauben an den Fußballgott. 4:38 Minuten waren die Königsblauen Meister, dann gingen die Mundwinkel auf Sinkflug. Bayern wird zum 17. Mal deutscher Meister, Schalke 04 »Meister der Herzen«.

Saison 2006/07
Tabelle vor dem letzten Spieltag

	Verein	Tordifferenz	Punkte
1.	VfB Stuttgart	+23	67
2.	FC Schalke 04	+20	65

Schützenfeste

Tore, Tore, Tore und kein Ende – Fußballherz, was willst du mehr! Schon ein halbes Dutzend Tore zeugt normalerweise von einem unterhaltsamen Spiel, aber warum das Dutzend nicht vollmachen? Weil es normalerweise eben Abwehrreihen gibt, die etwas dagegen haben – und nur in den seltensten Fällen das Tor so hoch und die Tür so weit machen, dass sich alle Schleusen öffnen.

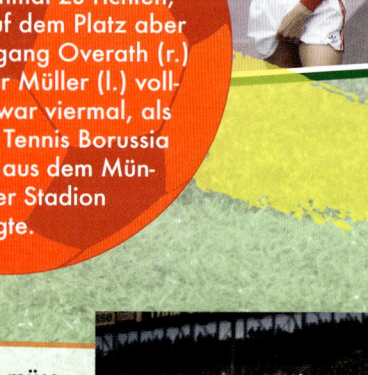

26. Februar 1977: Hatten unterschiedliche Techniken, ihre Berufsbekleidung vor Spielbeginn noch einmal zu richten, harmonierten auf dem Platz aber prächtig – Wolfgang Overath (r.) dirigierte, Dieter Müller (l.) vollstreckte, und zwar viermal, als der 1. FC Köln Tennis Borussia Berlin mit 8:4 aus dem Müngersdorfer Stadion fegte.

6. November 1982: Aus dem Hintergrund müsste Burgsmüller schießen – Burgsmüller schießt – Tooooor! Tooooor! Tooooor! Tooooor! Tooooor! Fünfmal jubilierte der Borussen-Stürmer, dreimal traf Joker Bernd Klotz, und auch Rüdiger Abramczik, Marcel Răducanu und Lothar Huber netzten beim Schützenfest des BVB gegen Arminia Bielefeld ein, als jeder Schuss ein Treffer war.

16. November 1963: Am 11. Spieltag der ersten Bundesligasaison stellten Borussia Dortmund und der 1. FC Kaiserslautern einen Rekord auf, der bis heute Bestand hat. Das 9:3 ist eines von fünf Spielen der Bundesligahistorie, in denen es zwölfmal im Karton rappelte. BVB-Legende Alfred »Aki« Schmidt war in bester Spiellaune und steuerte drei Treffer bei.

12 Tore

Saison	Datum	Spiel	Ergebnis
1982/1983	06.11.1982	Borussia Dortmund – Arminia Bielefeld	11:1
1977/1978	29.04.1978	Bor. Mönchengladbach – Borussia Dortmund	12:0
1976/1977	26.02.1977	1. FC Köln – TeBe Berlin	8:4
1971/1972	27.11.1971	FC Bayern München – Borussia Dortmund	11:1
1963/1964	16.11.1963	Borussia Dortmund – 1. FC Kaiserslautern	9:3

11 Tore

Saison	Datum	Spiel	Ergebnis
2012/2013	30.03.2013	FC Bayern München – Hamburger SV	9:2
2005/2006	11.02.2006	FC Schalke 04 – Bayer Leverkusen	7:4
1981/1982	14.11.1981	Eintracht Frankfurt – Werder Bremen	9:2
1976/1977	18.09.1976	VfL Bochum – FC Bayern München	5:6
1975/1976	12.06.1976	FC Bayern München – Hertha BSC	7:4
1974/1975	07.06.1975	Fortuna Düsseldorf – FC Bayern München	6:5
1973/1974	20.10.1973	1. FC Kaiserslautern – FC Bayern München	7:4
1968/1969	07.06.1969	Werder Bremen – Bor. Mönchengladbach	6:5
1966/1967	07.01.1967	Bor. Mönchengladbach – FC Schalke 04	11:0
1965/1966	12.03.1966	Bor. Mönchengladbach – 1. FC Nürnberg	8:3
1963/1964	07.03.1964	TSV 1860 München – Hamburger SV	9:2

11./12. Mai 1984: Am mit 53 Treffern torreichsten Spieltag der Bundesligageschichte gewann Werder Bremen in Offenbach 7:3, der HSV in Nürnberg 6:1, Gladbach gegen Uerdingen 7:1 und Bayern 5:2 gegen Kaiserslautern. Dramatisch ging es in Köln-Müngersdorf zu: Nachdem Meinolf Koch (l.) das 2:0 für den BVB markiert hatte, drehte Pierre Littbarski (r.) mächtig auf und mit zwei Treffern die Partie, als die Geißböcke 5:2 gewannen.

René Adler, der mit Abstand beste Hamburger, versucht, weder die Selbstbeherrschung noch das Gesicht zu verlieren. 6:0, 5:0, 5:0, 8:0, 5:0 und 8:0 watschte Bayern München seinen neuen Lieblingsgegner HSV seit 2011 ab, am 30. März 2013 wäre es fast zweistellig geworden: Claudio Pizarro (4), Arjen Robben (2), Xherdan Shaqiri, Bastian Schweinsteiger und Franck Ribéry beließen es bei neun, und auch die Hanseaten durften zweimal, nun ja, jubeln.

11. Februar 2006: Wer hat noch nicht? Wer will noch mal? Søren Larsen hatte schon mal, nämlich in der 9. Minute die Führung für die Königsblauen gegen den Gast aus Leverkusen geschossen. Als Bayer nach der Pause auf 2:4 herangekommen war, sorgte er mit seinem zweiten Treffer für die Vorentscheidung. Neun Spieler trugen sich in die Torjägerliste ein, als Schalke 04 in einem denkwürdigen Schützenfest mit 7:4 die Oberhand behielt und sich auf den internationalen Rängen festsetzte.

Die torreichsten Spieltage der Bundesliga

Saison	Spieltag	Tore	Schnitt	Torreichste Partie	Ergebnis
1983/84	32.	53	5,89	Kickers Offenbach – Werder Bremen	3:7
1967/68	4.	47	5,22	Borussia Mönchengladbach – 1. FC Kaiserslautern	8:2
1981/82	34.	46	5,11	Borussia Mönchengladbach – SV Darmstadt 98	6:1
				1. FC Köln – 1. FC Kaiserslautern	3:4
1973/74	11.	46	5,11	Rot-Weiss Essen – Eintracht Frankfurt	6:3
1982/83	34.	45	5,00	Borussia Dortmund – Borussia Mönchengladbach	4:6
1969/70	34.	45	5,00	Rot-Weiß Oberhausen – Borussia Mönchengladbach	3:4
				1. FC Köln – Borussia Dortmund	5:2

Kantersiege – jetzt wird's zweistellig

Alle Kantersiege sind Schützenfeste, aber nicht alle Schützenfeste Kantersiege. Wenn sich Klassenunterschiede auftun, das Kaninchen vor der Schlange steht und die Dämme brechen, dann kann schon mal passieren, was in B-Jugend und Kreisklasse nichts Außergewöhnliches ist – es wird zweistellig. Nur sechsmal und letztmals 1984 gingen in der Bundesliga die einen so episch unter, während die anderen sich in den berühmt-berüchtigten Rausch spielten.

11. Oktober 1984: Kantersiege sind eine Spezialität vom Niederrhein – zwei Drittel aller zweistelligen Siege der Bundesligahistorie gehen auf das Konto der Fohlenelf. Beim bis dato letzten zweistelligen Schützenfest traf Uli Borowka (l.) zum 4:0, Bernd Krauss (r.) zum 5:0, Uwe Rahn und Hans-Jörg Criens trugen sich je dreimal in die Torschützenliste ein. Die bedauernswerte Eintracht aus Braunschweig verabschiedete sich am Ende der Saison nach 20 Spielzeiten bis auf Weiteres aus der ersten Bundesliga.

29. April 1978: Vor dem letzten Spieltag liegt Borussia Mönchengladbach punktgleich hinter Spitzenreiter Köln – »nur« zehn Tore trennen die beiden Meisterschaftsanwärter. Als es schon nach wenigen Sekunden 1:0 steht, brechen alle Dortmunder Dämme und das dreckige Dutzend wird voll. Da der FC zeitgleich jedoch 5:0 gegen St. Pauli gewinnt, war außer Spesen nix gewesen. Fünffach-Torschütze Jupp Heynckes war am Ende froh, sonst, so sagte er später, hätte es nur Spekulationen gegeben. Recht hatte er!

In Ulm, um Ulm und um Ulm herum verging den Anhängern der »Spatzen« am 18. März 2000 Hören und Sehen. Von links: Zé Roberto (0:6, 0:8), Ulf Kirsten (0:3), Paule Beinlich, der überragende Emerson (0:1, 0:4) und Michael Ballack (0:7) spielten sich in einen Rausch und fertigten den SSV Ulm 1846 9:1 ab. Bayer verlor die Meisterschaft am letzten Spieltag in Unterhaching, Ulm verschwand nach nur einer Bundesligasaison wieder in der Versenkung.

Höchste Siege

	Begegnung	Ergebnis	Datum
1.	Borussia Mönchengladbach – Borussia Dortmund	12:0	29.04.1978
2.	Borussia Mönchengladbach – FC Schalke 04	11:0	07.01.1967
3.	FC Bayern München – Borussia Dortmund	11:1	27.11.1971
	Borussia Dortmund – Arminia Bielefeld	11:1	06.11.1982
5.	Borussia Mönchengladbach – Borussia Neunkirchen	10:0	04.11.1967
	Borussia Mönchengladbach – Eintracht Braunschweig	10:0	11.10.1984
7.	TSV 1860 München – Karlsruher SC	9:0	27.02.1965
	Tasmania 1900 Berlin – MSV Duisburg	0:9	26.03.1966
	FC Bayern München – Tennis Borussia Berlin	9:0	10.09.1976
	FC Bayern München – Kickers Offenbach	9:0	13.03.1984

Höchste Siege seit 2000

	Begegnung	Ergebnis	Datum
1.	SSV Ulm 1846 – Bayer 04 Leverkusen	1:9	18.03.2000
2.	FC Bayern München – Hamburger SV	8:0	14.02.2015
	FC Bayern München – Hamburger SV	8:0	25.02.2017
4.	FC Bayern München – Hamburger SV	9:2	30.03.2013
5.	SV Werder Bremen – Arminia Bielefeld	8:1	29.09.2007
	FC St. Pauli – FC Bayern München	1:8	07.05.2011
7.	Hamburger SV – Karlsruher SC	7:0	17.05.2008
	FC Bayern München – Hannover 96	7:0	17.04.2010
	VfB Stuttgart – Borussia Mönchengladbach	7:0	18.09.2010
	FC Bayern München – SC Freiburg	7:0	10.09.2011
	SV Werder Bremen – FC Bayern München	0:7	07.12.2013

18. September 2010: Pawel Pogrebnjak hatte die Erwartungen beim VfB Stuttgart nicht erfüllen können. Doch am 4. Spieltag der Saison 2010/11, vor dem die punktlosen Schwaben bereits mit dem Rücken zur Wand standen, platzte der Knoten. Dreimal netzte der russische Stürmer beim 7:0 gegen Borussia Mönchengladbach ein, doch der Dreierpack blieb ein Strohfeuer und 2012 trennten sich die Wege.

14. Februar 2015: Spitzbub Thomas Müller hat allen Grund zur Freude. Zwei Jahre zuvor hatten die Bayern 9:2 triumphiert, nun setzte es die nächste Klatsche für den Hamburger SV. Der Stürmer bereitete das 2:0 durch Mario Götze, das 3:0 durch Arjen Robben sowie das 6:0 durch Robert Lewandowski vor und traf selbst zum 1:0 und 5:0 – schon wieder ein herber Niederschlag für den Bundesligadino.

Aufholjagden

Große Comebacks lassen den Zuschauern regelmäßig den Atem stocken. Mit zwei, drei oder sogar vier Toren hinten zu liegen und dann doch noch zurückzukommen, einen Punkt mitzunehmen oder gar zu gewinnen, gehört zu den größten Momenten im Leben eines jeden Bundesligaprofis. Und auch die Zuschauer vergessen einen solchen Thriller, in dem ihre Mannschaft 0:3 zurücklag und dann doch noch 4:3 gewonnen hat, sicherlich nicht so schnell wie ein schnödes 1:0 nach sterbenslangweiligen 90 Minuten.

1. Oktober 1994: Adrian Knup war nicht zu halten. Als sein Karlsruher SC vor der Pause schon 0:3 gegen den 1. FC Kaiserslautern zurücklag, sorgte Ruckzuck-Knup in Halbzeit zwei für die schnellste Drei-Tore-Aufholjagd der Bundesligageschichte: In der 74. Minute legte er das 1:3 vor, in der 76. machte er den Anschlusstreffer, in der 79. den Ausgleich.

18. September 1976: Sepp Maier (vo. l.) hat gute Laune, Uli Hoeneß (vo. r.) schwebt auf Wolke sieben. Als der VfL Bochum kurz nach der Pause auf 4:0 erhöhte, gab niemand mehr einen Pfifferling auf die Bayern, doch es sollte der Tag des Uli Hoeneß werden. In der 89. Minute schoss er das 6:5 und machte ein unglaubliches Comeback perfekt – niemals zuvor oder danach hat eine Bundesligamannschaft aus einem Vier-Tore-Rückstand noch einen Sieg gemacht.

8. September 1973: Jeder, der dabei war, soll noch heute ein Leuchten in den Augen haben, wenn er von diesem Tag erzählt. Im nagelneuen Parkstadion traf Schalke 04, nach einem klassischen Fehlstart im Tabellenkeller, auf den amtierenden Meister FC Bayern, der schon wieder ganz oben stand. Doch nach 18 Minuten führten die Knappen mit 3:0, nach 41 Minuten mit 4:1 und zur Halbzeit mit 5:2. Der Mann des Tages hieß wieder einmal Gerd Müller. Vier Tore schoss der »Bomber« und am Ende hieß es 5:5.

28. August 2010: Joker Ádám Szalai kann sein Glück kaum fassen. Nach einer halben Stunde war die Messe eigentlich schon gelesen: 3:0 führte der VfL Wolfsburg gegen den 1. FSV Mainz 05, doch nicht einmal eine halbe Stunde später fiel der Ausgleich. Erst dann kam Sturmkoloss Szalai in die Partie und sorgte kurz vor Schluss für den 4:3-Auswärtssieg. Fünfmal war Mainz in dieser Saison Tabellenführer und wurde am Ende sensationell Fünfter.

17. Dezember 2014: Alex Meier hat zwei Daumen und eine Nikolausmütze. Das schönste Weihnachtsgeschenk machte sich der Frankfurter Goalgetter selbst: Nachdem seine Eintracht nach 37 Minuten schon 0:3 gegen Hertha BSC zurückgelegen hatte, holte er mit einem Doppelschlag in der 90. und 91. Minute in letzter Sekunde die Kohlen aus dem Feuer und sorgte für den 4:4-Endstand in einer dramatischen Partie.

Einen Rückstand von 4 Toren aufgeholt und noch gewonnen

Saison	Begegnung	Endstand	Zwischenstand
1976/77	VfL Bochum – FC Bayern München	5:6	4:0

14. Dezember 2013: Drei Tore hatte der Club aus Nürnberg Hannover 96 in der ersten Halbzeit im Niedersachsenstadion eingeschenkt, und auch in der zweiten Hälfte lief es nicht wirklich besser. Leonardo Bittencourts 1:3 schien schon der Ehrentreffer zu bleiben, als Mame Diouf ein Last-Minute-Doppelschlag gelang: In der 87. Minute verkürzte er zum 2:3 und in der 92. verwandelte er kaltblütig zum 3:3.

Einen Rückstand von 3 Toren aufgeholt und noch gewonnen

Saison	Begegnung	Endstand	Zwischenstand
1973/74	Eintracht Frankfurt – VfB Stuttgart	4:3	0:3
	1. FC Kaiserslautern – FC Bayern München	7:4	1:4
1980/81	TSV 1860 München – Fortuna Düsseldorf	4:3	0:3
1987/88	Bayer 04 Leverkusen – FC Bayern München	3:4	3:0
1990/91	Fortuna Düsseldorf – VfL Bochum	3:4	3:0
2010/11	VfL Wolfsburg – 1. FSV Mainz 05	3:4	3:0

Phantomtore, Pfosten-brüche und Megaschwalben

Was nicht alles passiert, wenn der Fußballtag lang ist: Pfosten brechen, Schwalben fliegen und Kaninchen zaubern die Wahrheit aus dem Hut. Wenn das Ergebnis zweitrangig wird, dann muss etwas Besonderes passiert sein. Etwas, womit niemand gerechnet hat. Dass ein Tor kein Tor mehr sein kann. Oder dass kein Tor ein Tor wird. Oder was auch immer …

Knapp daneben ist auch vorbei. Denkste! Bayer Thomas Helmer stocherte den Ball am 23. April 1994 am linken Pfosten des Nürnberger Gehäuses vorbei, Schiedsrichter Hans-Joachim Osmers entschied zur allgemeinen Verwunderung auf Tor. Der DFB erklärte das Tor für ungültig und setzte das Spiel neu an. Bayern gewann 5:0 und wurde Meister, der 1. FC Nürnberg ging im Abstiegskampf unter und musste aufgrund der Tordifferenz den harten Weg in Liga zwei antreten.

Steter Tropfen höhlt den Stamm: 1:1 stand es am 3. April 1971 auf dem Bökelberg, als Fohlen Herbert Laumen an einer Flanke vorbei in die Bremer Maschen rauschte. Der Fisch zappelte im Netz, und beim Versuch, sich aus demselben zu befreien, wurde der Pfosten schwach und knickte ein. Da sich das morsche Gebälk nicht wieder richten ließ, pfiff Schiedsrichter Gerd Meuser die Partie ab. Die hölzerne Ära war Geschichte und die große Zeit des Aluminiums brach an.

Arne Larsen Økland hatte einen Sahnetag erwischt: In der Partie gegen den FC Bayern zauberte er zwischen der 4. und 24. Minute einen lupenreinen Hattrick aus dem Hut. Als Schiedsrichter Udo Horeis dann zum vierten Mal zum Mittelkreis zeigte, klärte ihn der Leverkusener Stürmer auf, dass der Ball nicht auf dem vorgesehenen Weg ins Tor gelangt, sondern von der Netzstange zurückgeprallt war und sich von hinten durch eine Masche hineingemogelt hatte. Respekt!

Die Welt ist alles, was der Fall ist: Welt- und Europameister, Champions-League-Sieger und zweifacher deutscher Meister – Andy Möller gehört zu den erfolgreichsten Fußballern überhaupt, war ein begnadeter Spielmacher, mitunter aber auch etwas schwach auf den Beinen. Am 13. April 1995 lag Borussia Dortmund 0:1 gegen den Karlsruher SC zurück, als die »Heulsuse« (so Lothar Matthäus) zur peinlichsten Megaschwalbe der Bundesligageschichte ansetzte. Alle hatten es gesehen, nur Schiedsrichter Günther Habermann nicht. Möllers Sündenfall drehte das Spiel, später wurde er für sein Falschspiel gesperrt und sogar zeitweise aus der Nationalmannschaft verbannt.

»Horch, was kommt von draußen rein? Hollahi, hollaho! Wird wohl mein Lederbällchen sein; hollahihaho! Geht vorbei und kommt nicht rein, hollahi, hollaho!« Hätte Schiedsrichter Felix Brych doch nur auf die unendliche Weisheit des Volkslieds vertraut! Als Stefan Kießling das Spielgerät am 18. Oktober 2013 links des linken Pfostens durch das defekte Seitennetz köpfte, zeigte Brych jedoch zum Mittelpunkt – das 2:0 für Leverkusen bei der TSG 1899 Hoffenheim (Endstand 2:1). Seither prüfen die Linienrichter vor jedem Bundesligaspiel akribisch jede einzelne Masche ...

Die eigenen Gesetze – der Pokal

Pokalschlachten sind die höchsten Feiertage des Fußballs. Das ewige Duell David gegen Goliath elektrisiert die Zuschauermassen, und wenn eine Sensation nicht nur in der Luft liegt, sondern tatsächlich auf dem Rasen landet, dann schlägt die große Stunde der Dorfkicker und Provinzmannschaften. Denen da oben einen einzuschenken, ist der Traum aller Dritt-, Viert- und Fünftligisten. Und auch wenn er immer seltener in Erfüllung geht, bleibt die uralte Regel doch bestehen: Der Pokal hat seine eigenen Gesetze.

Abwehrrecke Alois Reinhardt (l.) und Sturmtank Dieter Hoeneß waren sich schon nach einer Viertelstunde des Pokalendspiels 1982 näher gekommen, als eigentlich geplant. Kellerkind Nürnberg führte zur Pause sensationell 2:0, weswegen Hoeneß, dem schwarz vor Augen war, sich weiter in die Schlacht warf. Die Bayern drehten das Spiel mit der Brechstange, kurz vor Schluss schraubte sich Hoeneß in die Höhe und wuchtete das Leder mit dem blutdurchtränkten Turban zum 4:2 in die gegnerischen Maschen.

Mirko Votava (l.) bestritt mit Werder Bremen vier Pokalendspiele: 1989 und 1990 hatte er noch das Nachsehen, 1991 waren aller guten Dinge drei und 1994 reckte er den Pokal zum zweiten Mal in die Höhe. Thomas Schaaf (r.) stand in beiden siegreichen Endspielen, anders als in den Halbfinals, nicht auf dem Platz – und auch nicht bei den Pokalsiegen 1999, 2004 und 2009, als er als Trainer an der Seitenlinie auf und ab tigerte.

Mindestens drei Pokalsiege

	Verein	Siege	Jahre
1.	FC Bayern München	18	1957, 1966, 1967, 1969, 1971, 1982, 1984, 1986, 1998, 2000, 2003, 2005, 2006, 2008, 2010, 2013, 2014, 2016
2.	Werder Bremen	6	1961, 1991, 1994, 1999, 2004, 2009
3.	FC Schalke 04	5	1937, 1972, 2001, 2002, 2011
4.	1. FC Köln	4	1968, 1977, 1978, 1983
	Borussia Dortmund	4	1965, 1989, 2012, 2017
	Eintracht Frankfurt	4	1974, 1975, 1981, 1988
	1. FC Nürnberg	4	1935, 1939, 1962, 2007
8.	Borussia Mönchengladbach	3	1960, 1973, 1995
	Hamburger SV	3	1963, 1976, 1987
	VfB Stuttgart	3	1954, 1958, 1997

Der Himmel über Dresden hatte seine Schleusen geöffnet und die beiden Mannschaften nahmen sich ein Beispiel daran. 3:0 führte Bayer Leverkusen am 30. Juli 2011 kurz nach der Pause und die Partie war entschieden. Denkste! Der »Ehrentreffer« in der 68. Minute entpuppte sich als Startschuss eines unglaublichen Comebacks. Aufstiegsheld Robert Koch (2. v. l.) sorgte für den Anschlusstreffer und den Ausgleich, und als Alexander Schnetzler in der Verlängerung mit einem fantastischen Heber das Unglaubliche wahr machte, trollte Michael Ballack (r.) von dannen und ganz Dresden stand kopf.

Das Pokalspiel aller Pokalspiele: Olaf Thon hatte zwei Tage zuvor in seinen 18. Geburtstag reingefeiert – stilecht mit Currywurst und Dosenbier an der Pommesbude. Und dann das: Nach nur zwölf Minuten lag Bayern München im Pokalhalbfinale 1984 2:0 gegen Schalke 04 vorne, und die Zweitfeier drohte ins Wasser zu fallen. Klein-Olaf, 18 Jahr, kein blondes Haar, glich einmal aus, glich zweimal aus, doch alles schien vergeblich, als Dieter Hoeneß in der 118. Minute das 6:5 für die Bayern machte. Einen Pfeil hatte der Nachwuchs-Spielmacher jedoch noch im Köcher: Der Schiedsrichter führte die Pfeife bereits zum Mund, als der Knappe das Leder aus spitzem Winkel zum 6:6-Endstand in denselben zimmerte.

Meiste Pokaltore

	Spieler	Meiste Tore für	Einsätze
1.	Gerd Müller	FC Bayern München	78
2.	Dieter Müller	1. FC Köln	48
3.	Klaus Fischer	FC Schalke 04	46

Harry Kochs Haarpracht hat, wie der Pokal, ihre eigenen Gesetze. Der Verteidiger kam 1995 zum 1. FC Kaiserslautern in die Bundesliga, um gleich wieder abzusteigen – gewann aber 1996 gegen den Karlsruher SC den Pokal. Schon vorher war der Publikumsliebling an einer echten Pokalsensation beteiligt gewesen: 1994 hatte er mit dem TSV Vestenbergsgreuth Bayern München 1:0 besiegt. Zwei weitere Siege gegen den Rekordmeister feierte Koch, als der wiederaufgestiegene FCK 1997/98 zur Meisterschaft durchmarschierte. Was für eine Achterbahnfahrt!

Meiste Pokaleinsätze

	Spieler	Meiste Spiele für	Einsätze
1.	Mirko Votava	Werder Bremen	79
2.	Charly Körbel	Eintracht Frankfurt	70
3.	Oliver Kahn	FC Bayern München	68

Sonnenkönige, Halblichtgestalten und Dunkelmänner – berühmte und berüchtigte Präsidenten

»L'État, c'est moi«, auf gut Fußballdeutsch »Der Verein, das bin ich«, war die Losung vieler Präsidenten der Bundesligageschichte. Hoch thronten sie über den Niederungen von Mitgliederversammlungen und bestimmten letztlich ganz alleine, wo es langging. Schirmherren, Geldgeber, Charismatiker, Visionäre, Fantasten – das Spektrum ist groß, doch einige Sonnenkönige überstrahlen alles.

Trainer Georg Knöpfle (Mitte, stehend) doziert, Präsident Franz Kremer (rechts davon) lässt seinen Blick schweifen. »Boss« Kremer machte den 1. FC Köln zum »Real Madrid des Westens« und zum ersten Meister – ohne ihn keine Bundesliga, kein Geißbockheim, kein Hennes. Am »Elften im Elften« 1967, dem Beginn des rheinischen Karnevals, lauschte er der Radioübertragung seines FC gegen Eintracht Frankfurt. Als Hannes Löhr das 2:0 köpfte, sagte er zu seiner Frau: »Jetzt kannst du das Radio ausmachen« – und schloss die Augen für immer.

Der Sonnenkönig: Günter Eichberg (l.), millionenschwerer Klinikbesitzer, auf einem schwankenden Wüstenschiff (rechts sein Vorgänger Günter Siebert) – auch seine Präsidentschaft auf Schalke war ein unruhiges Auf und Ab auf großem Fuß. Nach dem Wiederaufstieg in die Bundesliga 1991 geriet das Knappen-Schiff in schweres Fahrwasser und finanzielle Untiefen, 1993 blieb ein Schulden- und Scherbenhaufen, und auf Schalke setzte sich die Einsicht durch: »Eher geht ein Kamel durch ein Nadelöhr, als dass ein verschwendungsfreudiger Geltungssüchtiger ins Reich des Fußballgottes gelangt.« Die Karawane zog weiter und nur ein paar Jahre später war Schalke »Meister der Herzen«.

Der Platzhirsch: Günter Mast, langjähriger Geschäftsführer eines bekannten Kräuterlikörherstellers, war zwischen 1983 und 1986 Präsident von Eintracht Braunschweig. Schon 1973 wedelte er jedoch nicht nur mit großen Scheinen, sondern brachte den Hubertushirsch auf die Brust der Niedersachsen – der Beginn der Trikotwerbung in der Bundesliga. Und ein Coup mit Strahlkraft: Noch heute ziehen viele Modebewusste, wenn Che Guevara gerade in der Wäsche ist, das signalstarke Shirt über.

Top-Sakko: Manfred Ommer, in einem früheren Leben deutscher Meister über 100 und 200 Meter, war nicht nur ein Maître der Haute Couture, sondern auch ein wahrer Meister des Marketings. Während seiner Präsidentschaft beim FC 08 Homburg (1989–1993) konnte er den Kondomhersteller »London Rubber Company« als Trikotsponsor gewinnen. Prompt gab es Ärger mit dem DFB, auf den Leibchen der Saarländer prangte kurzzeitig ein schwarzer Balken – ein Überzieher der Moral gewissermaßen –, aber da war der PR-Coup längst gelungen.

Jean Löring nicht ante portas, sondern hinter den Türen seiner Fortuna aus der Kölner Südstadt. Zwischen 1966 und 2001 regierte der schlagzeilenträchtige Mäzen sein »Vereinche« nach Gutsherrenart – eine Saison in der Bundesliga sowie das Pokalfinale 1983, ausgerechnet gegen den FC, sprangen heraus. 1999 feuerte der »Schäng« Trainer Toni Schumacher während der Halbzeitpause der Partie gegen Waldhof Mannheim mit den legendären Worten: »Hau app in de Eiffel. Du määs minge Verein kapott. Du häss he nix mie zu sare, du W...!« Seine Rechtfertigung: »Ich als Verein musste reagieren!«

Transferflops

Hopp oder top?, das ist immer wieder die Frage, wenn neue Spieler verpflichtet werden. Wenn es denn überhaupt dazu kommt – denn mancher Transfer, der schon in trockenen Tüchern zu sein schien, erwies sich letztlich als Schildbürgerstreich. Ein Blick in die Abgründe der Wechselpossen, um die sich ein Karnevalsverein aus dem Rheinland besonders verdient gemacht hat …

Das Endspiel des Euro-papokals der Landesmeister 1987 war Rabah Madjers Sternstunde: 1:0 lag der FC Bayern gegen den FC Porto in Front, als er 13 Minuten vor dem Ende mit einem aufreizend lässigen Hackentor den Ausgleich besorgte und nur drei Minuten später spektakulär das 2:1 vorlegte. Prompt wollten die Bayern den Wunderstürmer verpflichten, bald war alles geregelt, der Algerier posierte inmitten nordportugiesischer Dünen mit Bayern-Trikot und Freistaat-Wappen. Doch aus dem Deal wurde nichts, da der FC Porto einen bis dahin unbekannten Vertrag aus dem Hut zauberte und eine astronomische Ablösesumme aufrief – am Ende war außer Spesen nix gewesen.

Srđan Čebinac hatte 1965 im Probetraining beim 1. FC Köln ordentlich Eindruck gemacht. Sobald die Tinte unter dem Vertrag getrocknet war, war er nicht mehr wiederzuerkennen. Nur dreimal lief er für den FC auf – und gluck, gluck, weg war er. Hartnäckig halten sich bis heute Gerüchte, tatsächlich habe sein ungleich begabterer Zwillingsbruder Zvezdan am Geißbockheim vorgespielt, der 1968 mit dem 1. FC Nürnberg deutscher Meister wurde. Drum prüfe, wer sich vertraglich bindet …

Leider daneben: Der 1. FC Köln überwinterte 2001/02 auf einem Abstiegsplatz und verpflichtete als Retter den französischen Stürmer Lilian Laslandes. Der Heilsbringer entpuppte sich als Blindgänger: klägliche null Tore in mageren fünf Einsätzen. Doch die rheinischen Frohnaturen nahmen es mit Humor, tauften den Ladehemmten »Laslandesliga« und stiegen, ohne mit der Wimper zu zucken, ab.

Kurz vor Ende des Wintertransferfensters entschied sich Eric Maxim Choupo-Moting im Januar 2011, vom Hamburger SV zum 1. FC Köln zu wechseln. Doch das Faxgerät bockte, und der unterschriebene Vertrag traf, je nach Quelle, 12 bis 14 Minuten zu spät bei der DFL ein. Der Wechsel platzte, die Kölner brauchten für den Spott nicht zu sorgen, und der Deutsch-Kameruner wurde später in einer anderen Hochburg des rheinischen Frohsinns, beim 1. FSV Mainz 05, vom Transferflop zum Topstürmer.

Kein Feuerwerk abgebrannt: Für satte 12 Mio. € leistete sich der FC Bayern in der Winterpause 2007/08 das 18-jährige Talent Breno. Doch die »Investition in die Zukunft« ging nicht auf. Den Rasen der Münchner Arena setzte der bullige Brasilianer nicht unter Feuer, wohl aber seine Villa in Grünwald. Er wurde wegen schwerer Brandstiftung zu drei Jahren und neun Monaten verurteilt und brachte auch nach seiner Entlassung und Rückkehr in die Heimat kein Bein mehr auf den Boden.

Ein wenig immobil: Für 18 Mio. € und ein paar Zerquetschte angelte sich Borussia Dortmund 2014 Ciro Immobile als Nachfolger für Robert Lewandowski. Doch der hochgehandelte Stürmer saß entweder auf der harten Ersatzbank oder auf dem Hosenboden der Tatsachen. Nach nur drei Toren in 24 Spielen suchte er das Weite, derweilen der BVB in Pierre-Emerick Aubameyang das große Stürmerglück fand.

Transferwahnsinn

Die guten alten Zeiten, in denen Verträge per Handschlag besiegelt oder auf Bierdeckel gekritzelt wurden, sind lange vorbei. In immer schwindelerregendere Höhen stoßen die Transferrekorde, die kein Normalsterblicher mehr begreifen kann. Während auf den überhitzten internationalen Fußballmärkten die magische 100-Mio.-€-Grenze längst gefallen ist, geht es in der kaufmännisch kühleren Bundesliga vergleichsweise gesittet zu. Doch auch hierzulande wird man sich auf immer unmoralischere Angebote und Nachfragen einstellen müssen …

Ein historisches Dokument: Am 10. August 1964 stellte der TSV 1861 Nördlingen dem FC Bayern München eine Quittung über 4400 Deutsche Mark für den Wechsel des 18-jährigen »Amateurspielers Gerhard Müller« aus. Die Bayern schnappten dem TSV 1860 München den bald besten Stürmer der Bundesliga in letzter Sekunde vor der Nase weg – eine Stunde später hatte er einen Termin mit Offiziellen der Sechzger. Eine solch gute Aktie hat es im deutschen Fußball nie wieder gegeben …

»Das Millionending« titelten die Gazetten im Sommer 1976. Gemeint war der belgische Rechtsaußen Roger van Gool (l.), der als erster Spieler die Schallgrenze von 1 Mio. DM durchbrach. Mit dem 1. FC Köln wurde er zweimal Pokalsieger und 1978 deutscher Meister. Da war er allerdings längst nicht mehr der Rekordtransfer der Bundesliga, sondern Kevin Keegan, der 1977 für 2,3 Mio. DM zum Hamburger SV gewechselt war.

Im Sommer 2001 überschlugen sich die Transferereignisse: Erst verpflichtete Borussia Dortmund den tschechischen Spielmacher Tomáš Rosický (l.) – für 25 Mio. DM, so viel wie bis dahin kein Bundesligist auszugeben bereit gewesen war. Kurz darauf setzten die Gelb-Schwarzen dem Ganzen die Krone auf, als sie für den brasilianischen Stürmer Márcio Amoroso (r.) 50 Mio. DM an den AC Parma überwiesen – ein schwindelerregender neuer Rekord und eine neue Dimension des Transferwahnsinns.

Der teuerste Einkauf der Bundesligageschichte bis dato ist Javi Martínez, für den Bayern München 2012 rund 40 Mio. € an Athletic Bilbao blechte, doch Renato Sanches (Foto) wird über »Bonuszahlungen« früher oder später an ihm vorbeiziehen. Für kolportierte 35 Mio. € verpflichteten die Bayern das seinerzeit 18-jährige Ausnahmetalent, das für Benfica Lissabon gerade einmal 24 Spiele gemacht hatte. Als er seinen Dienst in Lederhosen antrat, wäre er so »günstig« nicht mehr zu haben gewesen – schließlich war er in der Zwischenzeit mit Portugal Europameister geworden.

Der teuerste deutsche Kicker der bisherigen Fußballgeschichte? Heißt nicht Neuer, Kroos oder Müller, sondern Leroy Sané. Mit 20 Jahren und nach gerade einmal 47 Bundesligaspielen für Schalke 04 blätterte Krösus Manchester City dem Vernehmen nach 50 Mio. € für das Außenstürmertalent auf den Tresen. Aber auch das ist nur eine Momentaufnahme, denn die Transferspirale dreht sich immer schneller immer weiter …

Für läppische 22 Mio. € verpflichtete der VfL Wolfsburg im Januar 2014 Kevin de Bruyne vom FC Chelsea, der, wie sich schnell herausstellen sollte, etwas zu früh die Geduld mit dem belgischen Spielgestalter verloren hatte. Der Milchbubi wirbelte die Bundesliga mächtig auf, schoss 2014/15 zehn Tore und gab unglaubliche 21 Vorlagen, wurde Deutschlands Fußballer des Jahres und ging für angeblich 74 Mio. € zu Manchester City – der bis dato teuerste Transfer der Bundesliga.

Schiedsrichter

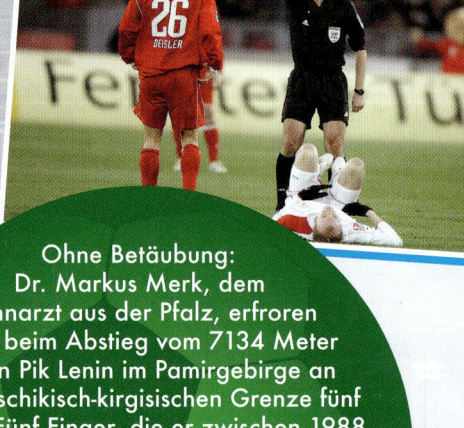

Nichts bleibt, wie es ist: Die Männer in Schwarz tragen längst auch Gelb, Türkis oder Rot. Manche Dinge scheinen sich allerdings nie zu ändern: Allwöchentlich werden die Unparteiischen, die bekanntlich keine Zeitlupe haben und in Sekundenbruchteilen entscheiden müssen, angepöbelt und bekommen vom Stadionchor mitgeteilt: »Schiri, wir wissen, wo dein Auto steht!« Dabei würde ohne sie nichts gehen, rein gar nichts …

Ohne Betäubung: Dr. Markus Merk, dem Zahnarzt aus der Pfalz, erfroren 2014 beim Abstieg vom 7134 Meter hohen Pik Lenin im Pamirgebirge an der tadschikisch-kirgisischen Grenze fünf Finger. Fünf Finger, die er zwischen 1988 und 2008 in 338 Bundesligapartien unbedingt gebraucht hatte, um gut an die bunten Kartons zu kommen. Kein anderer Mann in Schwarz hat mehr Rote Karten gezeigt, keiner öfter auf den Elfmeterpunkt gezeigt als der siebenfache deutsche und dreifache Weltschiedsrichter.

Die »Pfeife der Nation«: Walter Eschweiler ist *die* Legende unter den deutschen Schiedsrichtern. Der Diplomat, Humorist und lebensfrohe Rheinländer hatte auf dem grünen Rasen immer einen »entkrampfenden« Spruch auf Lager. Als Bernd Hölzenbein einmal über ein paar herausstehende Grashalme stolperte, um einen Pfiff zu provozieren, empfahl er dem Schlitzohr: »Stehen Sie schnell wieder auf. Das sitzt noch nicht richtig, das müssen wir noch einmal üben!«

Aus der Reihe *Legendäre Wortwechsel*: Paul Breitner: »Ahlenfelder, du pfeifst wie ein Arsch!« Wolf-Dieter Ahlenfelder: »Breitner, kann es sein, dass du spielst wie ein Arsch?« Zur Legende des deutschen Schiedsrichterwesens wurde der Mann in Schwarz am 8. November 1975, als er während der Partie Werder Bremen gegen Hannover 96 nach nur 32 Minuten zum Pausentee bat – er hatte nämlich selbst zu tief ins Glas geschaut. »Ein Ahlenfelder« wurde in der Folge sprichwörtlich und stand für »1 Bier und 1 Aquavit«. Ahlenfelder: »Wir sind Männer und trinken keine Fanta!«

Karten- und Elfmeterrekorde

Schiedsrichter	Rekord	Zeitraum
Wolfgang Stark	133 Gelbe Karten	1997–2017
Herbert Fandel	46 Gelb-Rote Karten	1995–2009
Markus Merk	45 Rote Karten/96 Elfmeter	1988–2008

»Eifel-Django«: Thomas Metzen aus Mechernich bei Euskirchen erlangte durch sein Doppel-Gelb in der Partie 1. FSV Mainz 05 gegen FC St. Pauli am 23. November 2008 schlagartig Berühmtheit. In der Manier eines Revolverhelden zückte er zwei gelbe Kartons gleichzeitig, einen für Florin Bruns (l.), den anderen für Miroslav Karhan (r.). Presse und Publikum fanden es lustig, der DFB weniger: Metzen pfiff vorerst kein Spiel in der zweiten und kein einziges Spiel in der ersten Bundesliga.

Elf Ulmer Spatzen spielten in Rostock. Drei grätschten dumm, da waren's nur noch acht. Acht Ulmer Spatzen glichen trotzdem aus, einer zog die Notbremse, da waren's nur noch sieben. Schiedsrichter Herbert Fandel schickte am 10. September 1999 auch Spatzen-Trainer Martin Andermatt auf die Tribüne und stellte damit einen denkwürdigen Rekord auf. Trotz allem fiel der Siegtreffer für völlig indisponierte Rostocker gegen »aufopferungsvoll« kämpfende Ulmer erst nach geschlagenen 90 Minuten.

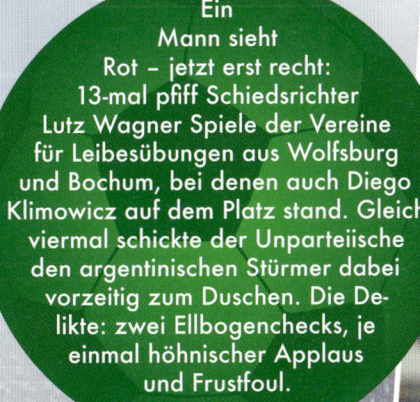

Ein Mann sieht Rot – jetzt erst recht: 13-mal pfiff Schiedsrichter Lutz Wagner Spiele der Vereine für Leibesübungen aus Wolfsburg und Bochum, bei denen auch Diego Klimowicz auf dem Platz stand. Gleich viermal schickte der Unparteiische den argentinischen Stürmer dabei vorzeitig zum Duschen. Die Delikte: zwei Ellbogenchecks, je einmal höhnischer Applaus und Frustfoul.

Ruhig, Jungs, ruhig! Bibiana Steinhaus pfiff das WM-Endspiel 2011 sowie das Olympia-Finale 2012 der Frauen. Sie ist die erste Schiedsrichterin im deutschen Profifußball der Männer und leitete seit 2007 80 Zweitligapartien. Nachdem die zweifache Weltschiedsrichterin mehrfach den Aufstieg in die erste Bundesliga knapp verpasst hatte, wurde sie zur Saison 2017/18 als erste Unparteiische ins deutsche Oberhaus berufen.

Meiste Einsätze in der Bundesliga

Schiedsrichter	Zeitraum	Einsätze
1. Wolfgang Stark	1997–2017	344
2. Markus Merk	1988–2008	338
3. Florian Meyer	1998–2016	286
4. Herbert Fandel	1996–2009	247
5. Knut Kircher	2001–2016	243

Skandale &
Skandälchen

Wo es um viel Geld, Ehre und Erfolg geht, sind Lug und Betrug, Zwist und Hader nicht weit – nichts Menschliches ist auch dem Fußball fremd. Zahlreiche Bundesligaskandale und -skandälchen sorgten seit 1963 wechselweise für Entsetzen oder Erheiterung. Wird das Gute, Schöne und Wahre eines Tages zweistellig und endgültig gegen das Böse, Hässliche und Betrügerische gewinnen? Wohl erst am jüngsten Fußballtag ...

Anlässlich seines 50. Geburtstags lud Horst-Gregorio Canellas (l. im hellen Anzug), Präsident der Kickers Offenbach, am 6. Juni 1971, dem Tag nach dem Abstieg des OFC aus der Bundesliga, zur Feier. Und ließ die Bombe platzen: Er spielte der versammelten Fußballwelt Bänder vor, nach denen massiver Spielbetrug in der Bundesliga nicht mehr zu leugnen war. Der »Bundesligaskandal«, in den zahlreiche Spieler, Trainer und Funktionäre verwickelt waren, erschütterte den deutschen Fußball daraufhin bis in die Grundfesten.

14 August 1981 – Seidensticker auf der Brust, Seitenschlitzer am Oberschenkel: Ewald Lienen, Arminia Bielefeld, setzt sich erst mal auf den Rasen, um dann aber wie Rumpelstilzchen auf Otto Rehhagel zuzustürmen und dem Werder-Trainer zu unterstellen, seinen Verteidiger Norbert Siegmann zum Foul angestiftet zu haben. 23 Stiche und 17 Tage später stieg der Stürmer wieder ins Training ein – alles halb so wild.

Freunde fürs Leben: Der verschnupfte Christoph Daum und der steuerbe-
freite Uli Hoeneß pflegten über Jahre die innigste Feindschaft der Bundesligageschichte. Mitten im Endspurt der Saison 1988/89 gingen der Kölner
Trainer und der Münchner Manager im Aktuellen Sportstudio spektakulär
aufeinander los. Als Ersterer im Herbst 2000 Bundestrainer werden sollte,
sprach Letzterer vom »verschnupften« Daum, was trotz dessen »absolut
reinen Gewissens« haargenau stimmte. Als die Steuerfahndung München
2013 den »Zocker-Uli« am Schlafittchen packte, hatte auch der ewige
Moralist, Wohltäter und Saubermann den Lack ab.

Begossener Pudel: Robert Hoyzer kam 2005 vom
Geld-Regen in die Skandal-Traufe. Der Schiedsrichter hatte für die kroatische Wettmafia aus dem
Berliner Café King Spiele der Regionalliga, zweiten Bundesliga und des DFB-Pokals manipuliert.
Nicht nur der Fußball selbst, sondern auch die
Wetten, die auf ihn abgeschlossen werden, sind
ein Milliardengeschäft. Wettanbieter rund um
den Globus setzen jährlich rund 1 Billion Dollar
um – ein Schelm, wer Böses dabei denkt …

6. Dezember
2005: Norbert Meier und
Albert Streit stehen Stirn an
Stirn an der Seitenlinie und tauschen
Nettigkeiten aus, als der Trainer des
MSV Duisburg dem Spieler des 1. FC Köln
grundlos einen Kopfstoß verpasst und dann
oscarreif zu Boden geht. Der verdutzte Geißbock überlegt kurz und erliegt dann – sicher
ist sicher – ebenfalls der Erdanziehungskraft. Das Opfer des peinlichen Laien-
schauspiels sah Rot, der Übeltäter
erhielt vorläufig Berufsverbot und
verlor lebenslänglich seine
Glaubwürdigkeit.

Und sonst?

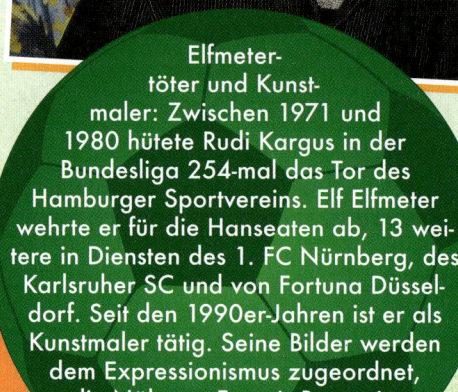

Fußball ist bekanntlich die schönste Nebensache der Welt. Es gibt also auch noch ein Leben jenseits der Bretter, pardon, des Rasens, der die Welt bedeutet. Man kann nicht rund um die Uhr trainieren und nach dem Karriereende droht die große Leere. Was Fußballer sonst so tun – ein Streif- und Schlusslicht …

Elfmeter-töter und Kunstmaler: Zwischen 1971 und 1980 hütete Rudi Kargus in der Bundesliga 254-mal das Tor des Hamburger Sportvereins. Elf Elfmeter wehrte er für die Hanseaten ab, 13 weitere in Diensten des 1. FC Nürnberg, des Karlsruher SC und von Fortuna Düsseldorf. Seit den 1990er-Jahren ist er als Kunstmaler tätig. Seine Bilder werden dem Expressionismus zugeordnet, die Nähe zu Francis Bacon ist unverkennbar.

Olaf Thon (l.) guckt ein wenig seltsam. Thomas Strunz (r.) auch. Die Faustregel gilt: Alle Fußballer spielen Golf. Franz Beckenbauer spielt Golf, Michael Ballack spielt Golf, Thomas Müller spielt Golf, Klaus Fischer tut es, Oliver Reck auch, Uwe Seeler sowieso, einfach alle Fußballer spielen Golf. Ist ja auch nicht das Schlechteste, den Tag an der frischen Luft zu verbringen. Seit 2001 gibt es gar den »Verein golfspielender Fußballer« (GOFUS), in dem sich rund 530 aktive und ehemalige Kicker für den guten Zweck zusammengefunden haben.

Kein Golfer: Horst Hrubesch fand seine Ruhe immer schon beim Angeln. In seiner Jugend war der gebürtige Westfale auf Binnengewässern unterwegs, nach seinem Wechsel zum HSV machte er sich auch die Fischerei auf offener See zu eigen. 1980, im Jahr des EM-Gewinns, veröffentlichte er das Fachbuch »Dorschangeln vom Boot und an den Küsten«, kein PR-Gag, sondern ein viel gelesenes Standardwerk der hohen Angelliteratur.

Großer Bordeaux: Johan Micoud konnte prächtig kicken, nach Beendigung seiner Karriere, die ihn 2002 zu Werder Bremen geführt hatte, beschloss er, etwas Vernünftiges zu lernen. Mit Matthieu Chalmé, einem ehemaligen Mitspieler bei Girondins de Bordeaux, sowie Alexandre de Malet Roquefort, Besitzer mehrerer Châteaus, gründete er das Weingut La Connivence. Nicht irgendwelcher Wein wird hier gekeltert, sondern Bordeaux von erlesener Qualität – nur fürs prall gefüllte Portemonnaie.

Elfmetertöter

Torhüter	Meiste Spiele für	Elfmeter	Gehalten
1. Rudi Kargus	Hamburger SV	72	24
2. Norbert Nigbur	FC Schalke 04	62	21
3. Toni Schumacher	1. FC Köln	83	18
4. Richard Golz	Hamburger SV	53	17
5. Andreas Köpke	1. FC Nürnberg	45	17

Mal was anderes: Tim Wiese, der in seiner Glanzzeit bei Werder Bremen auf immerhin sechs Länderspiele gekommen war, erklärte 2014, mit Fußball »nichts mehr am Hut zu haben«. Stattdessen pumpte er seine ohnehin voluminösen Muskeln auf, bis sie zu platzen drohten, und wechselte ins Wrestling-Geschäft. Im November 2016 stieg er unter dem Kampfnamen »The Machine« erstmals in den Ring und präsentierte sich in animalischer Urschreipose. Wem's gefällt …

Ich bin dann mal weg: 107 Tore in 319 Bundesligapartien schoss Uwe Rahn zwischen 1980 und 1993, die meisten für Borussia Mönchengladbach. 1987 war sein großes Jahr: Nicht nur wurde er mit 24 Treffern Torschützenkönig der Bundesliga, sondern auch Fußballer des Jahres. Während die anderen Preisträger sich auch heute noch regelmäßig im Scheinwerferlicht sonnen, tauchte Uwe Rahn nach dem Karriereende ab. Unbekannt verzogen, Telefon abgestellt, kein Anschluss unter dieser Nummer. Arrivederci, ab nach Italien und endlich: kein Fußball mehr!

Bildnachweis

FSC
www.fsc.org
MIX
Papier aus verantwortungsvollen Quellen
FSC® C002795

1. FC Kaiserslautern

Bayer 04 Leverkusen

Eintracht Frankfurt

FC Schalke 04

1. FC Köln

Blau-Weiß 90 Berlin

Energie Cottbus

FC St. Pauli

1. FC Nürnberg

Borussia Dortmund

FC 08 Homburg

Fortuna Düsseldorf

1. FC Saarbrücken

Borussia Mönchengladbach

FC Augsburg

Hamburger SV

1. FSV Mainz 05

Borussia Neunkirchen

FC Bayer 05 Uerdingen

Hannover 96

Alemannia Aachen

Dynamo Dresden

FC Bayern München

Hansa Rostock

Arminia Bielefeld

Eintracht Braunschweig

FC Ingolstadt 04

Hertha BSC